하루에 1분!

일상생활 영어회화

J PLUS
Language Publishing Co.

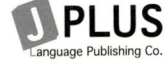

CONTENTS

part 1   매일 쓰는 인사말

- 001 처음 만났을 때   8
- 002 아침저녁으로 주고받는 인사   9
- 003 오랜만에 만났을 때 (1) – 묻는 표현   10
- 004 오랜만에 만났을 때 (2) – 대답 표현   11
- 005 오랜만에 만났을 때 (3) – 변화가 보일 때   12
- 006 환자에게 하는 인사   13
- 007 멀리서 오신 손님에게 하는 인사   14
- 008 안부를 대신 전해 달라고 할 때   15
- 009 자주 보는 친구나 이웃에게   16
- 010 헤어질 때   17
- 011 손님을 배웅할 때   18
- 012 절기별 인사   19
- 013 다른 사람을 축원할 때   20
- 014 결혼식과 장례식장에서   21

part 2   회화의 달인

- 015 고마운 마음을 전하고 싶을 때   24
- 016 고맙다는 말을 들었을 때   25
- 017 미안한 마음을 전하고 싶을 때 (1)   26
- 018 미안한 마음을 전하고 싶을 때 (2)   27
- 019 미안한 마음을 전하고 싶을 때 (3)   28
- 020 미안한 마음을 전하고 싶을 때 (4)   29
- 021 미안한 마음을 전하고 싶을 때 (5)   30
- 022 미안한 마음을 전하고 싶을 때 (6)   31
- 023 미안하다는 말을 들었을 때   32
- 024 기쁜 마음을 표현하고 싶을 때   33
- 025 놀라운 얘기를 들었을 때 (1)   34
- 026 놀라운 얘기를 들었을 때 (2)   35
- 027 놀라운 얘기를 들었을 때 (3)   36
- 028 후회가 될 때 터져 나오는 한 마디   37
- 029 화가 났을 때 (1)   38
- 030 화가 났을 때 (2)   39
- 031 실망할 때 (1)   40
- 032 실망할 때 (2)   41
- 033 걱정되거나 두려울 때 (1)   42
- 034 걱정되거나 두려울 때 (2)   43
- 035 걱정되거나 두려울 때 (3)   44
- 036 칭찬할 때 (1)   45
- 037 칭찬할 때 (2)   46
- 038 비난하거나 질책할 때 (1)   47
- 039 비난하거나 질책할 때 (2)   48
- 040 비난하거나 질책할 때 (3)   49
- 041 어쩔 수 없을 때   50
- 042 맞장구를 칠 때 (1)   51
- 043 맞장구를 칠 때 (2)   52
- 044 반대 의견을 말하고 싶을 때 (1)   53
- 045 반대 의견을 말하고 싶을 때 (2)   54
- 046 화제를 바꾸고 싶을 때 (1)   55
- 047 화제를 바꾸고 싶을 때 (2)   56
- 048 화제를 바꾸고 싶을 때 (3)   57
- 049 '～하라'고 명령하거나 권할 때 (1)   58
- 050 '～하라'고 명령하거나 권할 때 (2)   59
- 051 '～하라'고 명령하거나 권할 때 (3)   60
- 052 '～하라'고 명령하거나 권할 때 (4)   61
- 053 '～하라'고 명령하거나 권할 때 (5)   62
- 054 '～하지 마라'고 명령하거나 권할 때 (1)   63

055 '~하지 마라'고 명령하거나 권할 때 (2) 64
056 '~하지 마라'고 명령하거나 권할 때 (3) 65
057 '~하지 마라'고 명령하거나 권할 때 (4) 66
058 위기 상황에 필요한 말 (1) 67
059 위기 상황에 필요한 말 (2) 68
060 위기 상황에 필요한 말 (3) 69
061 눈에 자주 띄는 생활 속의 경고문 (1) 70
062 눈에 자주 띄는 생활 속의 경고문 (2) 71
063 눈에 자주 띄는 생활 속의 경고문 (3) 72
064 눈에 자주 띄는 생활 속의 경고문 (4) 73

part 3 비지니스 회화의 장

065 회사 및 기관의 직함 이름 (1) 76
066 회사 및 기관의 직함 이름 (2) 77
067 회사 및 기관의 직함 이름 (3) 78
068 회사 및 기관의 직함 이름 (4) 79
069 회사 및 기관의 직함 이름 (5) 80
070 회사 및 기관의 직함 이름 (6) 81
071 업무 및 사회 생활에서 쓰는 말 (1) 82
072 업무 및 사회 생활에서 쓰는 말 (2) 83
073 업무 및 사회 생활에서 쓰는 말 (3) 84
074 업무 및 사회 생활에서 쓰는 말 (4) 85
075 업무 및 사회 생활에서 쓰는 말 (5) 86
076 사무실 비품 및 사무용품에 관한 말 87
077 급여·돈에 관한 말 88
078 회사에서 - 매일 쓰는 말 (1) 89
079 회사에서 - 매일 쓰는 말 (2) 90
080 회사에서 - 매일 쓰는 말 (3) 91
081 회사에서 - 매일 쓰는 말 (4) 92
082 회사에서 - 술에 관한 말 93
083 회사에서 - 담배에 관한 말 94
084 출퇴근길에 관한 말 95

085 친절한 안내 (1) 96
086 친절한 안내 (2) 97
087 차 접대 (1) 98
088 차 접대 (2) 99
089 소개와 인사 (1) 100
090 소개와 인사 (2) 101
091 소개와 인사 (3) 102
092 용무가 끝나고 돌아갈 때 (1) 103
093 용무가 끝나고 돌아갈 때 (2) 104
094 전화를 걸고 받을 때 105
095 전화를 받을 수 없을 때 (1) 106
096 전화를 받을 수 없을 때 (2) 107
097 전화를 받을 수 없을 때 (3) 108
098 메시지를 받을 때 (1) 109
099 메시지를 받을 때 (2) 110
100 내가 전화를 걸 때 (1) 111
101 내가 전화를 걸 때 (2) 112
102 그 밖에 전화에서 자주 쓰는 말 (1) 113
103 그 밖에 전화에서 자주 쓰는 말 (2) 114
104 그 밖에 전화에서 자주 쓰는 말 (3) 115
105 전화 응대 (1) 116
106 전화 응대 (2) 117
107 전화 응대 (3) 118
108 전화로 약속하기 (1) 119
109 전화로 약속하기 (2) 120
110 바이어 접대 (1) 121
111 바이어 접대 (2) 122
112 집으로 초대했을 때 (1) 123
113 집으로 초대했을 때 (2) 124
114 해외 출장 (1) 125
115 해외 출장 (2) 126
116 회의를 시작할 때 127
117 진행 사항에 대한 설명 (1) 128
118 진행 사항에 대한 설명 (2) 129

119	진행 사항에 대한 설명 (3)	130	149	호텔 조식 뷔페에서 필요한 말	162
120	회의 중에 질문, 제안, 도중에 끼어들기	131	150	패스트푸드 음식점에서 (1)	163
121	정확히 답변하기 곤란할 때 (1)	132	151	패스트푸드 음식점에서 (2)	164
122	정확히 답변하기 곤란할 때 (2)	133	152	주문을 받거나 상품을 권할 때 (1)	165
123	정확히 답변하기 곤란할 때 (3)	134	153	주문을 받거나 상품을 권할 때 (2)	166
124	정확히 답변하기 곤란할 때 (4)	135	154	안경점에서 (1)	167
125	회의를 이어가는 한마디 (1)	136	155	안경점에서 (2)	168
126	회의를 이어가는 한마디 (2)	137	156	미용실에서	169
127	회의를 이어가는 한마디 (3)	138	157	알아두면 편리한 쇼핑 용어 (1)	170
128	거래가 성사됐을 때 (1)	139	158	알아두면 편리한 쇼핑 용어 (2)	171
129	거래가 성사됐을 때 (2)	140	159	알아두면 편리한 쇼핑 용어 (3)	172
130	회의 마지막에	141	160	손님을 기다리게 했을 때	173
131	발주 (1)	142	161	계산할 때 종업원이 손님에게 하는 말	174
132	발주 (2)	143	162	카드로 계산할 때 (1)	175
133	발주 (3)	144	163	카드로 계산할 때 (2)	176
134	수주 (1)	145	164	손님을 보낼 때	177
135	수주 (2)	146			
136	수주 (3)	147			
137	클레임 (1)	148	part 5	스피치·수상소감	
138	클레임 (2)	149			
			165	짧은 스피치로 빛나는 인사말 (1)	180
			166	짧은 스피치로 빛나는 인사말 (2)	181
part 4	손님 접대와 쇼핑		167	짧은 스피치로 빛나는 인사말 (3)	182
			168	짧은 스피치로 빛나는 인사말 (4)	183
139	손님을 맞이할 때 (1)	152	169	짧은 스피치로 빛나는 인사말 (5)	184
140	손님을 맞이할 때 (2)	153	170	짧은 스피치로 빛나는 인사말 (6)	185
141	고객에 대한 기본적인 응답	154	171	각종 수상 소감 (1)	186
142	식당에서 (1)	155	172	각종 수상 소감 (2)	187
143	식당에서 (2)	156	173	때에 따라 꼭 필요한 인사말 (1)	188
144	식당에서 (3)	157	174	때에 따라 꼭 필요한 인사말 (2)	189
145	식당에서 (4)	158	175	때에 따라 꼭 필요한 인사말 (3)	190
146	식당에서 (5)	159	176	때에 따라 꼭 필요한 인사말 (4)	191
147	음식점과 카페에서 (1)	160	177	외워 두고 싶은 유명한 연설문	192
148	음식점과 카페에서 (2)	161	178	인생을 바꾼 명언 한마디 (1)	193

179 인생을 바꾼 명언 한마디 (2)	194	209 부부 싸움 (1)	225
		210 부부 싸움 (2)	226
		211 부부 싸움 (3)	227

part 6 미국생활

		212 부부 싸움 (4)	228
		213 교육기관 (1)	229
180 집에 관한 말(1)	196	214 교육기관 (2)	230
181 집에 관한 말(2)	197	215 학교 생활에 관한 말 (1)	231
182 집에 관한 말(3)	198	216 학교 생활에 관한 말 (2)	232
183 집에 관한 말(4)	199	217 학교 생활에 관한 말 (3)	233
184 주택 수리에 관하여(1)	200	218 학교 생활에 관한 말 (4)	234
185 주택 수리에 관하여(2)	201	219 학교 생활에 관한 말 (5)	235
186 집안에서 생기는 문제들(1)	202	220 학교 생활에 관한 말 (6)	236
187 집안에서 생기는 문제들(2)	203	221 학교 생활에 관한 말 (7)	237
188 부엌 · 청소	204	222 학교 생활에 관한 말 (8)	238
189 일상 생활 – 자다(1)	205	223 학교 생활에 관한 말 (9)	239
190 일상 생활 – 자다(2)	206	224 학교 생활에 관한 말 (10)	240
191 일상 생활 – 일어나다(1)	207	225 학교 생활에 관한 말 (11)	241
192 일상 생활 – 일어나다(2)	208	226 학교 생활에 관한 말 (12)	242
193 일상 생활 – 일어나다(3)	209		
194 일상 생활 – 입다	210		
195 일상 생활 – 먹다	211	part 7 사람에 관련된 표현	
196 아이들에게 하는 말 (1)	212		
197 아이들에게 하는 말 (2)	213	227 사람의 성격 – 긍정적인 이미지 (1)	244
198 아이들에게 하는 말 (3)	214	228 사람의 성격 – 긍정적인 이미지 (2)	245
199 자녀를 칭찬하거나 혼낼 때 (1)	215	229 사람의 성격 – 긍정적인 이미지 (3)	246
200 자녀를 칭찬하거나 혼낼 때 (2)	216	230 사람의 성격 – 긍정적인 이미지 (4)	247
201 자녀를 칭찬하거나 혼낼 때 (3)	217	231 사람의 성격 – 긍정적인 이미지 (5)	248
202 아이랑 차를 탔을 때 (1)	218	232 사람의 성격 – 긍정적인 이미지 (6)	249
203 아이랑 차를 탔을 때 (2)	219	233 사람의 성격 – 부정적인 이미지 (1)	250
204 아이랑 차를 탔을 때 (3)	220	234 사람의 성격 – 부정적인 이미지 (2)	251
205 매일 하는 주부의 집안일 (1)	221	235 사람의 성격 – 부정적인 이미지 (3)	252
206 매일 하는 주부의 집안일 (2)	222	236 사람의 성격 – 부정적인 이미지 (4)	253
207 매일 하는 주부의 집안일 (3)	223	237 사람의 성격 – 부정적인 이미지 (5)	254
208 그 밖에 가정에서 사용하는 말	224	238 사람의 성격 – 부정적인 이미지 (6)	255

239	사람의 성격 – 부정적인 이미지 (7)	256	
240	사람의 성격 – 부정적인 이미지 (8)	257	
241	사람의 성격 – 부정적인 이미지 (9)	258	
242	사람의 감정을 나타내는 말 (1)	259	
243	사람의 감정을 나타내는 말 (2)	260	
244	사람의 감정을 나타내는 말 (3)	261	
245	연애 중에 (1)	262	
246	연애 중에 (2)	263	
247	연애 중에 (3)	264	
248	결혼 이야기 (1)	265	
249	결혼 이야기 (2)	266	
250	결혼 이야기 (3)	267	
251	증상·병명에 관한 말 (1)	268	
252	증상·병명에 관한 말 (2)	269	
253	증상·병명에 관한 말 (3)	270	
254	증상·병명에 관한 말 (4)	271	
255	증상·병명에 관한 말 (5)	272	
256	증상·병명에 관한 말 (6)	273	
257	증상·병명에 관한 말 (7)	274	
258	증상·병명에 관한 말 (8)	275	
259	증상·병명에 관한 말 (9)	276	
260	병명에 관한 말 (1)	277	
261	병명에 관한 말 (2)	278	
262	병명에 관한 말 (3)	279	
263	병명에 관한 말 (4)	280	
264	병명에 관한 말 (5)	281	
265	병명에 관한 말 (6)	282	
266	병명에 관한 말 (7)	283	
267	병명에 관한 말 (8)	284	
268	병명에 관한 말 (9)	285	
269	임신·출산에 관하여 (1)	286	
270	임신·출산에 관하여 (2)	287	
271	임신·출산에 관하여 (3)	288	
272	임신·출산에 관하여 (4)	289	
273	진찰 시에 의사가 하는 말 (1)	290	
274	진찰 시에 의사가 하는 말 (2)	291	
275	진찰 시에 의사가 하는 말 (3)	292	
276	진찰 시에 의사가 하는 말 (4)	293	
277	진찰 시에 의사가 하는 말 (5)	294	

PART 1
매일 쓰는 인사말

일상생활에서 매일 쓰는 인사말에서부터 결혼식, 장례식까지
짧지만 꼭 해야 할, 예의에 어긋나지 않는
기본적인 인사말을 먼저 확인해 두자.

PART 1

001 처음 만났을 때

001 안녕하세요!

Hello!

> Hello는 모든 경우에 쓸 수 있는 인사말로, 전화할 때는 '여보세요.'의 의미로 쓰인다. Hi는 친한 사이에서 쓰는 표현이므로 처음 만났을 때는 Hello로 쓰는 것이 무난하다.

002 만나서 반갑습니다.

(It's) Nice to meet you.

003 당신을 알게 되어 반갑습니다.

(I'm) Pleased to meet you.

> 인사할 사람이 두 명 이상인 경우에는 pleased 대신 happy로 바꿔 보는 것도 좋다.

004 말씀 많이 들었습니다.

I've heard a lot about you.
(John) has told me a lot about you.

> 물론 이 말을 할 때는 상대방에 대한 기본 지식을 가지고 있어야 한다. 그냥 예의상 말했다가는 나중에 이어질 대화에서 실수하는 경우가 많다.

005 제가 어떻게 부르면 될까요?

What should I call you?

002 아침저녁으로 주고받는 인사

006 안녕하세요!

Hello!
Good day!

> Good day!는 호주에서 많이 쓰인다. How are you? / How are you doing? / What's up? 등은 매일 만나는 사람들에게 언제나 쓸 수 있다.

007 안녕하세요!

Good morning.

> '밤새 안녕히 주무셨어요?'를 그대로 직역하면 Did you sleep well last night?인데, 이 말은 보통 상대방이 피곤해 보이거나, 집에 온 손님이 다음날 일어났을 때 안부를 묻는 경우에 쓰인다. 보통 아침 인사로는 Good morning.이 자연스럽다.

008 안녕하세요! (저녁 인사)

Good evening.

009 안녕히 주무세요!

Good night!

> 밤에 헤어질 때도 쓴다.

010 다녀왔습니다.

I'm home.

PART 1

003 오랜만에 만났을 때 (1) - 웃는 표현

011 오랜만입니다!

It's been a long time!

012 정말 오랜만이야!

Long time no see!

편한 사이에서 쓰인다.

013 (그동안) 어떻게 지냈어요?

How have you been (doing)?

014 (그동안) 어떻게 지냈어?

What have you been up to?

편한 사이에서 쓰인다.

015 별일 없죠?

Is everything OK?
Is everything alright?

상대방이 뭔가 어려운 일을 겪었거나 겪고 있을 거라는 전제가 깔려 있다.

004 오랜만에 만났을 때 (2) - 대답 표현

016 아주 좋아요.

Couldn't be better.

🔖 직역하면 '더 이상 좋을 수가 없다' 즉 '최고'라는 뜻이다.

017 잘 지냅니다.

I've been alright.
(I'm) good.
(I'm) doing fine.
(I'm) very well.

018 다 잘돼갑니다.

Things have been fine.
It's going well.

019 그럭저럭 지냅니다.

So so.

020 그런대로 괜찮아요.

OK.

PART 1

005 오랜만에 만났을 때 (3) - 변화가 보일 때

---

021 좋아 보이시네요.

You look good.
You're looking well.

---

022 좋아 보이는데요.

You look like you've been doing well.

속뜻은 하는 일이 잘 되거나 돈을 많이 벌었을 거라고 짐작하고 건네는 인사말이다. 직역하여 It looks like you've made a lot of money.라고 하면 안 된다. 돈이라는 말이 직접적으로 나오면 어쩐지 '속물'이라는 느낌을 주기 쉽다.

---

023 예전보다 살이 좀 찌셨네요.

You've put on some weight.

---

024 야위셨네요.

You've lost weight.

---

025 키가 컸구나.

You're grown!
You're gotten taller!

다 컸구나. 이제 어른이네. You're all grown-up.

006 환자에게 하는 인사

026 좀 나아지셨나요?

Are you feeling better?

027 지금은 좀 어떠십니까?

How are you doing?

- '안녕하세요?'나 '좀 어떠세요?'의 의미로 쓰이는 말이다.
- 많이 좋아졌어요. I'm much better.
  예전에 비해 많이 좋아졌어요. I feel much better.

028 회복이 되셨습니까?

Have you recovered (completely)?

- 회복하다 recover

029 빠른 쾌유를 빕니다.

I hope you feel better soon.
I hope you get well soon.

- 좋아지다 get well
  문병을 가야 하는데, 가지 못하는 경우에는 환자에게 카드를 보내게 된다. 이런 문안 카드를 get-well card라고 한다.

007 멀리서 오신 손님에게 하는 인사

030 편안한 여행이었습니까?

How was your trip?
How was your flight? (비행기 여행인 경우)

031 오시느라 고생하셨습니다.

Thank you for coming.

'오시느라 고생하셨습니다.'를 You had a difficult time to come here.와 같이 직역해서는 쓰지 않는다.

A : How was your trip?
여행은 어떠셨어요?
B : It was fine.
편안했습니다.
A : Thanks for coming.
오시느라 고생하셨어요.
B : Not at all.
별말씀을요.

A : How was your flight?
여행은 어떠셨어요?
B : It was a little bit long, but tolerable.
좀 길었지만 견딜 만했어요.
A : You must be tired. Why don't you take a rest before dinner?
피곤하시겠네요. 저녁 식사 전에 좀 쉬세요.

견딜 만한 tolerable

008 안부를 대신 전해 달라고 할 때

032　부모님께 안부 전해 주세요.

Please give my regards to your parents.
Say 'hello' to your parents for me.

033　저 대신 사장님께 안부 전해 주세요.

Please give my regards to the president.

> 편한 사이라면 Say hello to (person) for me.라고 해도 된다.

034　잭한테 안부 전해 줘.

Say 'Hello' to Jack. (편한 말투)

035　나 대신 한번 안아 줘.

Please give him / her a big hug for me.

> 친한 사이에 아이들의 안부를 묻는 경우에 쓸 수 있다.

A : How are your kids?
　　아이들은 어때?
B : They are great.
　　잘 지내지.
A : Please give them a big hug for me.
　　나 대신 한번 안아 줘.

PART 1

009 자주 보는 친구나 이웃에게

---

036   출근하십니까?

Are you going to work?

---

037   어디 가세요?

Are you going somewhere?

---

038   외출하세요?

Where are you off to?

- '어디 가세요?'의 의미로 이웃에게 건네는 인사말이다.
  Are you going to the market?과 같은 직접적인 표현은 사생활을 침해하는 것 같은 느낌을 주므로 '어디 가시나 봐요?' 정도의 표현으로 끝내는 것이 무난하다.

- A : You look nice today. Where are you off to?
  오늘 멋지네요. 외출하세요?
- B : Thank you. I'm going to a wedding.
  고마워요. 결혼식에 가요.

- '식사하셨어요?' 하고 인사하고 싶을 때 Have you eaten yet?이라고 하면 '식사 안 하셨으면 저와 같이 하실래요?(Would you like to eat together?)'라는 느낌을 준다. 그냥 인사로 하는 말이라면 How are you doing? 정도가 무난하다.

---

039   잘 다녀오셨습니까!

Welcome back!
Welcome home!

- Welcome home!은 여행을 다녀온 사람에게 하는 인사이고, 학교나 직장에 다녀온 경우에는 Hi. 또는 Hello.가 적당하다.

010 헤어질 때

040 실례하겠습니다. 먼저 가보겠습니다.

Sorry, but I have to go + (excuse).

- 뒤에 변명, 이유 등을 더하면 자연스럽다.
- I have to get up early tomorrow. 내일 빨리 일어나야 해요.
  I have to catch a flight in the morning. 아침에 비행기를 타야 해요.
  I have to put my children to bed. 아이들을 재워야 해요.

041 죄송합니다, 먼저 가보겠습니다.

Sorry, but I've got to go.

042 집에 가야겠군요.

I have to go home.

- '해야 한다'를 'must+동사'로 나타내는 경우가 많다. 그러나 실생활에서는 'have to+동사'가 더 많이 쓰인다. must는 주로 격식을 차린 자리나 위급한 상황에서 쓰인다.

043 이젠 가야겠군요.

I have to go now.

044 갈 시간이에요.

Time to go.

PART 1

011 손님을 배웅할 때

045   조심해서 가세요.

Good bye.

- 한국에서 흔히 쓰는 표현이지만 영어로 손님을 배웅할 때는 Good bye. 정도가 무난하다. 만약 손님이 자기 나라로 돌아가거나 먼 길을 간다면 Have a good trip. Have a good flight.(비행), Drive safely.(운전)라고 하면 된다.
- 집에 초대한 손님을 배웅할 때는, 일반적으로 I'm glad you could come.이나 Thank you for coming.과 같이 말하는 것이 무난하다.

046   편히 가세요.

Take care of yourself.

047   몸조심하세요.

Take care.

048   안전한 귀향길 되세요.

Have a safe trip home.

049   만나서 반가웠어요.

It was nice meeting you.

| 얘기해서 즐거웠어요. | It was nice talking to you. |
| 그간 (못했던) 얘기를 해서 즐거웠어요. | It was nice to catch up. |

012 절기별 인사

050 메리 크리스마스!

Merry Christmas!
Happy Holidays!

051 추석 잘 지내세요!

Happy Thanksgiving!

052 새해 복 많이 받으세요!

Happy New Year!

053 휴가 잘 보내세요!

Have a good holiday.
Enjoy your holiday.

054 발렌타인데이 잘 보내!

Happy Valentine's Day!

파티의 종류

집들이	housewarming party	돌잔치	first birthday party
승진파티	promotion party	졸업파티	graduation party
송별회	farewell / going away party	환영회	welcome / welcoming party
망년회	end-of-year party	신년파티	New Year's party
총각파티	bachelor party	신부파티	bridal / wedding shower

PART 1

013 다른 사람을 축원할 때

055   가정이 화목하시기 바랍니다!

I hope everything is well with your family.

056   만사형통하시기 바랍니다!

I hope everything is going well.

057   즐거운 생활이 되시기를 바랍니다!

Have a great day!

058   생일 축하드려요!

Happy Birthday!

059   성공하기를 바랍니다!

I wish you success.

060   사업이 성공하시기를 바랍니다!

I wish you luck on your new business.

061   뜻하시는 일이 이루어지길 바랍니다!

I wish you great success.

014 결혼식과 장례식장에서

062 행복한 신혼이 되기를 바랍니다!

Have a good honeymoon.

063 두 분 정말 잘 어울려요.

You look good together.

064 두 분 천생연분같이 보여요.

You look like you're meant for each other.

065 축하합니다!

Congratulations!

> congratulation 뒤에 반드시 's'를 넣어야 한다.

066 (장례식)매우 유감입니다.

I'm very sorry.

067 아버님께서 돌아가셨다는 말씀을 들었습니다.

I heard your father passed away.

> 돌아가시다 pass away(die보다 존중의 뜻이 들어있다.)

PART 2
회화달인의 장

더 이상 간단한 인사말만 하는 영어는 No!
나의 생각과 감정을 자유롭게 표현하자!
내 마음을 솔직하게 전할 수 있도록!

PART 2

015 고마운 마음을 전하고 싶은 때

068   감사합니다.

Thank you!

- Thanks.나 Thanks a lot.보다 정중한 표현이다.

069   나중에 보답하겠습니다.

I'll return the favor.

- 돌려 주다, 갚다 return

070   제게 베풀어 주신 이 은혜 잊지 않겠습니다.

I really appreciate all you've done for me.

071   당신의 충고에 진심으로 감사드립니다.

I really appreciate your advice.

- '감사합니다. 당신을 잊지 않겠습니다.'를 우리말대로 I will never forget you.로 하면 너무 드라마틱하게 들린다. 영화 '바람과 함께 사라지다'에서나 들을 것 같은 느낌이다.

072   다시 한번 고마워.

Thanks again.

016 고맙다는 말을 들었을 때

073 괜찮습니다.

You're welcome.

074 별 말씀을.

No problem.
Don't worry about it.
That's alright.

075 별거 아니에요.

It's not a big deal.

076 보잘 것 없지만 답례의 표시입니다.

This is a small token of my appreciation.

077 조그만 일인데요.

It was nothing.

> 본인에 대한 칭찬의 말에 대해 '아니에요, 별거 아닌데요.'라는 겸손의 말은 영어에서 별로 쓰이지 않는다. 예를 들면 상대방이 You look very nice today.(오늘 아주 근사한데요.)라고 칭찬했을 때 No, not really.(아니에요.)라고 대답하면 굉장히 어색한 침묵이 따르게 된다. 칭찬에 대해서는 Thank you.라고 대답하는 것이 가장 무난하다.

017 미안한 마음을 전하고 싶은 때 (1)

078 고의가 아니에요.

I didn't mean it.

079 일부러 그런 거 아니에요.

I didn't do it on purpose.

- 일부러 on purpose
- 영어에 서툴러서 말실수를 한 경우에는 가능한 빨리 사과를 하는 것이 좋다. 사과하는 도중에 이유를 말하기 어렵다면, Sorry.를 여러 번 반복하는 것도 좋다.

영어가 서툴러서 잘못 말한 경우에 하는 말들

정말 미안해요. 그런 뜻이 아니었어요.	I'm very sorry. I didn't mean it that way.
미안해요. 말이 잘못 나왔어요.	Sorry, that came out wrong.
화내지 마세요. 제 뜻은 ….	Please don't be upset. What I meant was ...
미안해요. 영어가 서툴러서요.	I'm sorry. My English is not so good.

080 기다리게 해서 미안합니다.

I'm sorry for making you wait.
I'm sorry to make you wait so long.

081 이렇게 오랫동안 기다리게 해서 정말 죄송합니다.

I apologize for making you wait so long.

- '죄송합니다.'의 정중한 표현 I apologize ~.
  (누구)에게 사과 드립니다. I owe (someone) an apology.

018 미안한 마음을 전하고 싶을 때 (2)

082 기분 상하게 하려던 건 아니었어요.

I didn't mean to hurt you.

083 기분 상하게 해드렸다면 사과 드리겠습니다.

I apologize if I have offended you.

공격하다, 기분 나쁘게 하다 offend

084 기분 상하게 했다면 미안합니다.

I'm sorry if I offended you.

085 널리 이해해 주시기를 바랍니다.

Please understand.

이해하다 understand

086 늦어서 미안해.

I'm sorry I'm late.

087 다시는 안 그러겠습니다.

I won't do it again.

019 미안한 마음을 전하고 싶은 때 (3)

088　무례했다면 미안합니다.

I'm sorry. I was blunt.

089　바쁘신데 방해해서 죄송합니다.

I'm sorry to disturb you while you are busy.

090　불편을 끼쳐 드려 죄송합니다.

I'm sorry I caused you so much trouble.

091　어떻게 사과를 드려야 할지 모르겠습니다.

I don't quite know how to apologize.

092　오해해서 미안해요.

I'm sorry. I misunderstood you.

093　오해하지 마세요.

Please don't misunderstand.

094　한번만 기회를 더 주세요.

Please give me a second chance.

020 미안한 마음을 전하고 싶을 때 (나)

095 용서해 주세요.

Please forgive me.
I'm sorry.
Please accept my apology.

096 용서해 주시겠어요?

Could you forgive me?

097 이거 어떻게 설명을 해야할지…

I don't know how to say this ...
I don't know how to explain this ...

098 일을 그렇게 만든 건 제 탓입니다.

It was hasty of me to do such a thing.

099 잘 하려고 한 건데.

My intentions were good.

의도 intention

PART 2

021 미안한 마음을 전하고 싶을 때 (5)

100   제가 말실수를 했군요.

I'm sorry about what I said.

'말실수를 하다'의 관용적인 표현으로 I put my foot in my mouth.도 있다.

101   제가 부족한 탓이에요.

I'm to blame for it.

한국에서는 본인이 하지도 않은 일에 대해 부모라서, 상사라서 등의 이유로 인해 '제 탓이에요.'라고 말하는 경우가 많다. 하지만 영어로는 자신이 저지른 일이 아니라면 이렇게 말해서는 안 된다. 자책을 하는 경우에는 이유를 설명해야 한다. 그렇지 않으면 남이 저지른 실수에 대한 대가를 치룰 수도 있다.

102   제가 경솔했습니다.

I was careless.
It was careless of me.

103   제가 생각이 짧았습니다.

I didn't think very carefully.

104   거기까지는 미처 생각지 못했어요.

I couldn't imagine that.

022 미안한 마음을 전하고 싶을 때 (6)

105 죄송해요. / 미안해요.

I'm sorry.

106 한번 봐 주세요.

Please forgive me.
Give me a break.

> Give me a break는 상황에 따라 '한번만 봐 주라, 웃기지 마, 말도 안 돼' 등 여러 가지 뜻으로 쓰인다.

107 체면을 살리다

save face

> The supervisor allowed her subordinate to save face by taking blame for the computer bug herself. 그 관리자는 컴퓨터 바이러스의 책임을 자신에게 돌려 부하들의 체면을 살려줬다.

108 체면을 잃다 / 망신당하다

lose face

> He is afraid of losing face in public.
> 그는 공식적인 자리에서 망신당하지 않을까 걱정한다.

> 전반적으로 체면에 대해서는 한국이 훨씬 엄격하다. 북미에서는 체면을 잃는 것은 그리 큰 문제가 아니고 쉽게 명예를 회복할 수도 있다고 생각하는 반면, 한국에서는 한번 잃으면 끝이라는 생각을 많이 하는 것 같다. 그렇다고 해서 북미인들이 실수하는 것을 쉽게 생각한다는 것은 아니다. 그들은 얼른 실수를 정정하여 더 나은 일을 하는 것이 더 현명하다고 생각하는 것이다.

PART 2

023 미안하다는 말을 들었을 때

109 괜찮아요.

That's alight.
That's OK.

110 괜찮습니다.

It's OK. / Alright.

111 괜찮아. / 됐어. / 상관 안 해.

Enough / Stop it / Cut it out / I don't care ~.

- 상대방의 사과에 대해 '괜찮다'라는 표현이다. 하지만 실수한 사람이 사과하는 대신 사용하면 '내 잘못이 아니다' 또는 사과 안 하겠다는 무례한 표현이 된다.
- **That's enough. Nobody's perfect.** 됐어요. 누구는 실수 안 합니까?
  I don't care whether she likes it or not.
  그녀가 좋아하든지 말든지 상관 안 해요.

112 걱정하지 마.

Don't worry about it.

113 사과할 필요 없어요.

You don't need to apologize.

024 기쁜 마음을 표현하고 싶을 때

114 너무 기뻐요.

I'm so happy.

115 너무 멋져요.

Fabulous.
Great.

💡 이 밖에도 good, nice, amazing, fantastic, gorgeous 등을 쓸 수 있다.

116 너무 좋아요.

I love it.

117 좋아요.

I like it.

118 좋아서 어쩔 줄 모르겠어요.

I'm so happy I could cry.

119 너무 기뻐 뭐라고 말할 수 없어요.

I'm so happy I can't even speak.

025 놀라운 얘기를 들었을 때 (I)

120 깜짝 놀랐어.

I was really surprised.

121 날벼락이야!

That's terrible / horrible!

122 너무 놀라워! / 대단한데!

Amazing!
Fantastic!
Wonderful!

뉴스, 사물, 결과 등에 대단한 만족감을 표시할 때 쓴다.

123 농담하는 거지? / 뻥이지?

You're kidding me!
You must be joking.
You're pulling my leg! (관용적인 표현)

124 뜻밖이야! / 놀랄 일이야!

What a surprise!

026 놀라운 얘기를 들었을 때 (2)

125 맙소사!

Oh my God!
Oh Gosh!

> 어떤 종교인들은 신을 모욕한다고 여겨 God이란 말을 쓰지 않고, 대신 Gosh라는 표현을 쓴다.

126 무서워서 죽을 뻔했잖아!

I was scared to death.

127 뭐라고요?

What?
What did you say?

> 상대방의 말을 몰라서 되묻는 경우와 놀라움을 표시하는 경우 모두에 쓰인다.

128 믿을 수가 없어.

I can't believe it!

129 세상에!

Unbelievable!

027 놀라운 얘기를 들었을 때 (3)

130 아 참나!

Oh man!

뜻밖의 일로 놀랐을 때, 화가 났을 때 쓴다.

131 어떻게 된 거야?

What happened?

132 어떻게 이럴 수가!

How could that happen?
How on earth could this happen?

133 어머! / 이런! / 에구!

Oops!
Shoot!

134 우와!

Wow!

생각지도 않은 좋은 일이 생겨 놀랐을 때 쓴다.

028 후회가 될 때 터져 나오는 한 마디

135 그러지 말았어야 했는데.

I shouldn't have done that!

shouldn't have + p.p. ~하지 말았어야 했는데 (결국 ~했다는 뜻)

136 안타깝다. / 유감스럽다.

That's too bad.

137 이게 어떻게 된 거야?

What happened?
What's going on now?

138 이미 엎질러진 물이야.

It's water under the bridge.
Don't cry over spilled milk.

위의 표현은 직역하면 각각 다리 아래로 흘러간 물, 엎질러진 우유라는 의미로 다시 돌이킬 수 없는 일을 뜻하는 관용적인 표현이다.

139 진작 알았으면 ~했을 텐데

If I knew ... (before), I would have + p.p.

가정법

If I knew he was coming, I would have prepared dinner.
그가 오는 줄 알았으면 저녁을 준비했을 텐데.

PART 2

029 화가 났을 때 (I)

140 마음이 복잡해.

I've got a lot on my mind.

141 믿을 수가 없어!

I can't believe it!

> 놀라거나 화가 약간 났을 때 쓴다.

142 사람을 화나게 하는

make someone angry / crazy / mad

> This news really makes me angry.
> 이 소식은 날 정말 화나게 한다.

143 스트레스 받았어

I'm stressed (out).

144 아무데도 가고 싶지 않아, 그럴 기분이 아냐.

I'm not going anywhere. I'm not in the mood.

145 의욕이 없어.

I'm not feeling well.

030 화가 났을 때 (2)

146 이런 터무니없는 일이!

This is ridiculous!

147 재수없어! / 젠장!

Man, Damn it.

148 참을 수 없는

can't stand it

- I can't stand it when I lock my keys in my car.
  차에 열쇠를 놓고 잠그면 정말 참을 수가 없어.

149 견딜 수 없는

can't put up with

- A : Why are you so angry today?
  오늘 왜 그렇게 화가 나 있어?
- B : My boss blamed me for someone else's mistake. I can't stand it. I can't put up with this situation. 내 상사가 다른 사람이 실수한 걸 가지고 나를 나무라잖아. 이 상황을 참을 수 없어.

외국어를 배울 때 가장 쉽게 배울 수 있는 말은?

욕이다. 외국 드라마와 영화의 영향으로 대부분의 사람들이 영어로 욕 한두 마디는 알고 있다. 영어의 욕을 한국말로 정확히 옮기는 것은 불가능하다. 한국말로 옮겨진 뜻보다 훨씬 나쁜 뜻인 경우도 많고 경우에 따라 느낌이 달라지기도 한다. 누군가와 싸우려는 뜻이 아니라면, 아무리 흔한 욕(특히 F로 시작하는 말)이라도 안 쓰는 것이 좋다.

031 심앙한 때 (1)

150 가슴이 먹먹해졌다.

It broke my heart.

A : When my best friend married my ex-boy-friend, it broke my heart.
절친한 친구가 예전 남자 친구와 결혼했을 때 가슴이 찢어졌어.

B : I hear you.
무슨 말인지 알지.

151 고통스러워서 살고 싶지 않다.

I would rather die than live like this.

152 뒤통수치다

stab one in the back

찌르다 stab

My best friend stabbed me in the back to get the promotion.
절친한 친구가 승진하기 위해 날 잔인하게 배신했다.

153 상처받다 / 고통스럽다

have a broken heart

A : We broke up and then I had a broken heart.
그와 헤어진 후 난 너무 고통스러워.

B : Time heals all wounds. (관용적 표현)
시간이 약이야.

032 실망할 때 (2)

154 실망이야.

Bummer.

A : I didn't get into the art program I wanted to at the university.
내가 가고 싶은 대학교의 아트프로그램에 들어가지 못하게 됐어.

B : Bummer. That's too bad.
말도 안 돼. 안됐구나.

A : Bummer! I've been passed over for a promotion again!
정말 실망이야. 진급에서 또 미끄러지다니.

B : That's too bad. You'll get it next time.
안됐다. 다음엔 잘 될 거야.

155 실망하다

be disappointed

Not you too! I can't believe this. I'm really disappointed.
너마저 그렇게 말하다니! 믿을 수가 없어. 정말 실망이다.

156 (실망이 커서) 충격을 받다

be shocked

A : How could you crash the car? I'm shocked at your behavior.
어쩜 그렇게 차를 망가뜨릴 수가 있니? 네 행동에 정말 충격 받았어.

B : It wasn't my fault. I swear.
그건 내 잘못이 아니었어요. 맹세해요.

033 걱정되거나 두려운 때 (I)

157   감히 ~하지 못하다

not to dare to do something

A : I did not dare go to the cemetery at night.
난 밤에는 도저히 공동묘지에 가지 못하겠더라.
B : Neither did I.
나도 그래.

공동묘지 cemetery

158   공포

fear / horror

159   공포심을 유발하다

cause fear

공포증(이유없이 두려워하는 병) phobia
acrophobia:fear of heights 고소 공포증
claustrophobia:fear of small crowded places 밀실 공포증
arachnophobia:fear of spiders 거미 공포증

160   기분 나쁜

freaky

I think that the sound of cats crying at night is freaky.
밤에 우는 고양이 소리는 기분 나쁘다.

034 걱정되거나 두려운 때 (2)

161 등골이 오싹하다

have a chill going down one's spine

A : There is a creepy house in my neighborhood. And I can hear something at night.
우리 이웃에 음산한 집이 있는데, 밤에 이상한 소리가 들려.

B : Stop it. You're freaking me out. I already have a chill going down my spine.
그만 해. 너 날 무섭게 하고 있잖아. 벌써 등골이 오싹해.

162 마음이 놓이지 않는다.

I feel uneasy.

I feel uneasy about the test.
시험 때문에 마음이 놓이지 않아.

163 무서워하다

be scary / be scared of

무서운 영화 scary movie

A : I'm scared of speaking in public. What are you scared of?
난 대중 앞에서 연설하는 것이 두려워. 넌 뭐가 무섭니?

B : I'm scared of losing my job.
난 잘리는 게 무서워.

035 걱정되거나 두려울 때 (3)

164 (무서워서) 벌벌 떨다

have the shivers
shake

- Watching a scary movie alone at night gives me the shivers.
  밤에 혼자서 공포 영화를 보는 것은 날 벌벌 떨게 한다.

165 엄청나게 걱정하다

freak out

- '매우 화내다'라는 뜻으로도 쓰인다.
- A : I'm really freaked out about my test. If I don't get a 'B', I'll fail the class.
  시험 때문에 걱정돼서 죽겠어. B학점 못 받으면 낙제야.
- B : Don't worry about it. Just study all night and you'll get an 'A'
  걱정하지 마. 밤새 공부하면 A학점 받을 거야.

166 (~로) 조마조마하다

I'm anxious about ~

- A : How did your test, go?
  시험 어땠어?
- B : I'm anxious about the test results. I don't know how it will turn out.
  나는 시험 결과 때문에 조마조마해. 어떻게 결과가 나올지 모르겠어.

- (결과가) 나오다 turn out

036 칭찬할 때 (1)

167 경치가 정말 아름다워요.

The view is really beautiful.

168 당신의 컴퓨터 제품에 정말 감명받았습니다.

I'm really impressed by your computer products.

감명받다 be impressed

169 ~로 유명하다

be famous for ~

A : New York is famous for pizza.
뉴욕은 피자로 유명해.
B : Really? I hope to try it someday.
정말? 나도 언제 맛봐야지.

170 비교할 수 없다

be incomparable
It is impossible to compare.

A : Nothing compares to you.
너와 비교할 수 있는 것은 없어.
B : You're so sweet.
넌 정말 다정하구나.

037 칭찬할 때 (2)

171 비아냥거리는 칭찬

backhanded compliment

겉으로는 칭찬 같지만, 순수한 칭찬이 아니라 비아냥거리는 말을 의미한다.

A : You're a good basketball player even though you are fat.
넌 뚱뚱하지만 좋은 농구 선수야.

B : That sounds like a backhanded compliment.
비아냥거리는 것처럼 들리는데.

172 어쩌면 이렇게 ~할 수가!

What a ~!

A : Look at Kate! What a beautiful woman she is!
케이트 좀 봐! 어쩌면 이렇게 아름다울 수가!

B : I've never seen her look so good.
저렇게 멋진 모습을 본 적이 없어.

173 오늘 정말 멋지시군요.

You look very nice today.

174 우와!

Wow! (칭찬할 때 쓰는 감탄사)

A : Wow! These clothes fit just right! 와! 이 옷이 꼭 맞네!
B : You think so? 그렇게 생각해?

038 비난하거나 질책할 때 (1)

175 감히 ~

How dare you ~

A : How dare you speak that way to your father!
아버지한테 감히 그런 식으로 얘기하다니!
B : No. You misunderstood what I meant.
제가 말하는 뜻을 잘못 이해하신 거예요.

176 그런 말 하는 거 아니야.

That's not the way we speak.

177 넌 도대체 뭐가 문제야?

What's wrong with you?
What's the matter with you?
What's your problem?

178 넌 왜 이렇게 고집스럽지?

How could you be so stubborn?

고집스러운 stubborn

039 비난하거나 질책할 때 (2)

179   누가 그런 말 가르쳐줬어?

Who taught you that word?

180   누가 그렇게 말하든?

Who told you that?

아이가 욕을 하거나 건방진 말을 했을 때 꾸짖는 말이다.

181   도대체 나한테 왜 이러는 거야?

How could you do this to me?

to me 대신 for me로 하면 '날 위해서'라는 뜻으로, 고마움의 표현이 된다.
도대체 왜 이러는 거야? How could you do this?

182   말도 안 돼.

No way!
Get out of here!

'나가라'는 뜻이지만, 상대방의 말을 믿지 못할 때 쓰게 되면 '에이~ 말도 안 돼. 너 뻥이지?'라는 뜻이 된다.

183   먼저 한번 생각해 봐.

Think about it first.

040 비난하거나 질책할 때 (3)

---

184 세상에 / 도대체

what on earth

A : What on earth are you wearing? Go to your room and change it right now! 세상에 무슨 옷을 입은 거니? 어서 방에 가서 옷 갈아입어!
B : But mom, this is the style these days.
하지만 엄마, 이게 요즘 유행이라구요.

---

185 어떻게 그렇게 말할 수 있어요?

How could you say that?

---

186 왜 이렇게 예의가 없니?

Don't you have any manners?

---

187 창피한 줄 알아라!

Shame on you!

---

188 허접한 / 유치한

lame

A : Sorry. I'm late. My mom didn't wake me up.
늦어서 미안해. 엄마가 안 깨워줬어.
B : You know, that's such a lame excuse. 무슨 그런 말도 안 되는 변명을.

네가 아는 것처럼, 너도 알겠지만 as you know

PART 2

041 어쩔 수 없을 때

189 그냥.

Just because.

A : You love pepperoni pizza. Why did you order a sandwich?
너 페페로니 피자 무지 좋아하잖아. 근데 왜 샌드위치 시켰어?

B : Just because. 그냥.

특별한 이유없는 행동의 이유에 대해서 '몰라(I don't know.)'라고 답하는 것보다 '그냥(Just because.)'이 훨씬 자연스럽다.

190 무슨 방법이 있겠어?

What else can we do?

191 무슨 이유에선지

for some reason

A : Did you hear about Anne? For some reason, she suddenly quit her job. 앤에 대해 들었어? 무슨 이유에선지 갑자기 직장을 관뒀대.

B : There must be a reason. 사정이 있겠지.

192 방법이 없다.

There is no way ~.

A : Have you finished your homework yet? The due date is tomorrow. 숙제 다 했니? 내일이 제출일이야.

B : There is no way that I can finish this homework on time.
이 숙제를 제 시간에 끝낼 방법이 없어.

042 맞장구를 칠 때 (1)

193 그건 그렇죠.

That's true.

194 그렇게 해요.

OK. Let's do it that way.

195 그야 안 될 이유가 없죠.

I don't see why not.

196 누가 아니래.

Tell me about it.

197 당신 말이 맞아요.

You're right.
I know what you mean.

💡 상대방의 뜻을 이해한다는 뜻.

198 당연하지!

You bet!

💡 정중한 표현이라기보다는 속어적 표현이다.

PART 2

043 맞장구를 칠 때 (2)

199 동의합니다.

I'm with you.
I think so, too.

200 말이 되네요.

That makes sense.

201 맞아요!

You bet. I can hear you.

202 물론이지요!

Of course.
Absolutely.
Exactly.

203 아, 그렇구나. 알았어요.

I got it. I see.

204 제가 말하려는 게 바로 그거예요.

That's exactly what I want to say.

044 반대 의견을 말하고 싶을 때 (1)

205 말도 안 돼.

It doesn't make sense.
It doesn't hold water. (관용적 표현)

206 설득력이 좀 떨어지네요.

It's not entirely convincing.

- 설득하다 convince | 완전하게 entirely

207 유감이지만 동의할 수 없어요.

I'm afraid I can't agree with you.

- afraid는 '두려운'의 뜻으로 I'm afraid of spiders.(난 거미가 무서워.)라고 쓰이지만, 반대 의견을 낼 때는 '유감스럽지만'의 뜻으로 쓰인다.

208 저는 반대합니다.

I'm against it.
I disagree.

209 저는 그렇게 생각하지 않아요.

I don't think so. / I'm afraid not.
I don't believe so. / I disagree with it.

045 반대 의견을 말하고 싶을 때 (2)

210 저는 (당신의 의견이) 이해가 잘 되지 않는데요.

That doesn't make sense to me.

211 제 생각은 전혀 다릅니다.

I have a completely different idea.

전혀 completely

212 제 생각은 좀 다릅니다.

I'm afraid my opinion is a little different.

213 확신이 서지 않습니다.

I'm not so sure about that.

완곡하게 반대의 뜻을 전하는 한마디

아닐걸.	Guess not.
글쎄, 그럴까?	Well, you think so?
이 문제는 다시 한 번 연구해 봐야겠는걸.	I'll have to look into one more time.
한 번 더 생각해 봐야겠습니다.	I have to think again.
네 생각이 잘못됐을 수도 있어.	You could be wrong.
다들 괜찮다면 몰라도.	Unless everybody is OK with that.
그렇게 간단하지 않아.	It's not that simple.

046 화제를 바꾸고 싶을 때 (1)

---

214 그런데 말야, 그건 그렇고

by the way

대화를 바꾸고 싶을 때 좀더 부드럽게 대화를 이끌어주는 한마디.

---

215 당신의 뜻은 알겠지만 ~

I see your point, but ~

- A : So, what do you think? 자, 어떻게 생각하세요?
- B : I see your point, but I won't do it. It's too risky.
  뜻은 알겠지만, 하지 않을래요. 너무 위험해요.

---

216 ~(에 대한) 말이 나와서 말인데요,

Speaking of ~,

- A : I've been working a lot of nights lately. I'm really stressed out.
  최근에 야근을 자주 했더니, 정말 스트레스받고 있어.
- B : Speaking of working nights, haven't you heard that our company is going to cut back on working late?
  야근 얘기가 나와서 말인데, 우리 회사가 늦게까지 일하는 걸 줄일 거라는 것 듣지 않았어?

야근 work nights | 스트레스를 받다 be stressed out | 줄이다 cut back on

---

217 뭔가를 생각나게 하네요.

It reminds me of something.

047 화제를 바꾸고 싶을 때 (2)

218 본론으로 들어가다

get to the point

219 본론으로 들어갈게요.

Let's get to the point.
Let's get to business.

220 우리 다른 이야기해요.

Let's talk about something else.

221 이건 다른 얘긴데요.

It's a different story but ~,

222 이 일은 조금 있다 다시 하고, 먼저 ~에 관해 이야기합시다.

Let's do this a little later. Why don't we talk about ~ first?

A : Let's do this a little later. Why don't we talk about the presentation tomorrow first.
이건 조금 있다 다시 하고 먼저 내일 프리젠테이션에 관해 이야기합시다.

B : Sure. Let's take a look at this chart now then.
예. 그럼 이 챠트를 보시죠.

048 화제를 바꾸고 싶은 때 (3)

223 있잖아요.

You know what?

224 제가 ~을 얘기했었나요?

Did I tell you that ~?

- A : Did you see Thompson's new car?
  탐슨 씨의 새로운 차 봤어요?
- B : Yes, I did.
  예, 봤어요.
- A : Isn't it beautiful?
  멋지지 않나요?
- B : I guess so. Did I tell you that I got a new bag?
  그런 것 같아요. 제가 새로운 가방을 샀다고 이야기했던가요?

225 참 그 얘기 들었어요?

Have you heard about this?

226 한 가지 잊은 게 있어요.

I forgot one thing.

227 하나 빠뜨린 얘기가 있어요.

I forgot to tell you one thing.

049 '~하라'고 명령하거나 권할 때 (1)

228 갑시다! / 나가자!

Let's go.
Let's get out of here!

229 가! 가버려!

Go! Beat it!
Get out of here!
Scram!

230 꺼져!

Get lost!

누가 자꾸 치근거리면 화가 나서 '꺼져 (버려)'라고 할 때 쓰는 표현. 같은 상황에서 좀 약한 표현으로는 Take a hike.를 쓴다.

231 나가!

Get out of here!

상황에 따라 '너, 농담이지?'라는 뜻으로도 쓰인다.

232 내가 말했지.

I told you!

050 '~하라'고 명령하거나 권할 때 (2)

233 내가 ~하라고 했지.

I told you to ~.

I told you to do your homework!
내가 숙제 하라고 했지.

234 말을 해요! 울지 말고.

Stop crying. Just talk to me.

235 뭐라고 말 좀 해봐.

Tell me something.

236 빨리! / 서둘러!

Hurry up!

237 손 올려!

Put your hands up.
Raise your hands.

238 시끄러워(조용히 해)!

Be quiet!

051 '~하라'고 명령하거나 권할 때 (3)

239 이리 와!

Come here!

240 이야기 좀 해봐!

Tell me!
Talk to me!

- Tell me! I have to know!
  얘기 좀 해봐! 난 알아야겠어.

241 입 다물어!

Shut up!

242 저쪽에 차를 대!

Pull over!

- 차를 세우다 pull over
  내려줘요.(택시 안에서 하는 말) Let me off.

243 조금만 마셔!

Don't drink so much!

052 '~하라'고 명령하거나 권할 때 (나)

244 ~하길 바래요.

I hope ~.

- I hope you can take care of yourself. 난, 네가 스스로를 잘 돌보길 바래.

245 ~하길 요청합니다

request that ~

- 정중한 표현으로, 주로 안내 방송에 많이 쓰인다.
- We request that you refrain from using a flash when taking pictures of the animals in the zoo.
  동물원 안의 동물을 사진 찍으실 때는 플래시 사용을 자제해 주시길 요청합니다.
- ~을 삼가하다 refrain from ~ | 사진을 찍다 take pictures

246 (당신이) ~하는 것이 어떻겠습니까? ~하지 그러니?

Why don't you ~?

- Why don't you tell me about it?
  제게 말씀해 주시겠어요?

247 (우리가) ~하는 것이 어떻습니까?

Why don't we ~?
What do you think about ~ing?

- A : I can't do this. It's impossible. 이거 못 하겠어요. 불가능해요.
  B : Why don't we do it together? 우리 같이 하는 게 어떨까요?

PART 2

053 '~하라'고 명령하거나 권할 때 (5)

248　~하세요.

Please ~.

- Please sit. / Please have a seat. 앉으세요.
- 무언가를 부탁할 때는 please를 붙이면 무난하다. 영어가 능숙한 경우는 조동사 could, would를 쓰면 보다 정중한 표현이 된다. 그러나 can, will을 쓴다고 해서 무조건 반말은 아니다.

249　~해도 상관없습니까?

Would / Do you mind ~?

- A : Do you mind if I smoke?
  담배 좀 피워도 상관없나요?
- B : Sorry, but there is no smoking in the bar. There's been a smoking ban in New York City for the past few years.
  죄송하지만, 바에서는 금연입니다. 지난 몇 년간 뉴욕에서는 흡연 금지입니다.
- 금지(하다) ban
- mind가 들어간 질문에 긍정의 대답은 No.(I don't mind)이고 부정의 대답은 Yes.(I mind)이다. Do you mind if I sit here?(여기 앉아도 상관없습니까?) No.(예, 앉으세요.), Yes.(안 돼요. 앉지 마세요.)

250　~해도 괜찮겠습니까?

Can / May I ~?

- A : Can I try on this jacket? 이 재킷을 입어 봐도 될까요?
  B : Sure. What size do you wear? 물론이죠. 사이즈가 어떻게 되죠?
- 입어 보다 try on

054 '~하지 마라'고 명령하거나 권할 때 (1)

251 건드리지 마!

Don't touch me! / Don't bother me!

252 금하다

Prohibit / forbid

- A : Smoking is prohibited in this building.
  이 빌딩에서는 흡연을 금합니다.
- B : Is that right?
  아, 그래요?

253 꾸물대지 마!

Move!

- Everybody is waiting for us. Move!
  모두가 기다리고 있으니 꾸물거리지 마!

- 기다리다 wait for

254 내가 ~하지 말라고 말했지.

I told you not to ~.

- A : I told you not to use my mp3 player.
  내 MP3 쓰지 말라고 했지.
- B : I just wanted to listen to one song.
  한 곡만 듣고 싶었어.

055 '~하지 마라'고 명령하거나 권할 때 (2)

255 너는 ~할 수 없다.

You are not allowed to ~.

- A : May I see your ID? 신분증 보여 주시겠습니까?
- B : Here it is. 여기요.
- A : You're not allowed to come in here. You have to be twenty one to enter a bar in this state. 여기 들어가실 수 없습니다. 저희 주에서는 21세 이상이 되어야 바에 들어갈 수 있습니다.
- B : I'm from out of state. Sorry. I'll be on my way then. 제가 다른 주에서 와서요. 죄송합니다. 갈게요.

미국에서 술 마시는 연령은 주마다 차이가 있다.

256 말할 필요가 없다.

I don't need to talk.
There's no need to say anything.

I don't need to talk to you any more. 너와 더 이상 말할 필요가 없다.

257 변명하지 마!

Don't make excuses.

258 ~ 안 해도 된다

don't have to ~

- A : Wow. This is a lot of food. 우와! 음식이 정말 많네.
- B : You don't have to eat everything. 그거 다 안 먹어도 돼.

056 '~하지 마라'고 명령하거나 권할 때 (3)

259 꼼짝 마!

Freeze!
Don't move!

260 참견하지 마!

Mind your business!

'네 일에나 신경 써.'라는 뜻.

261 ~하도록 놔두지 않다

not let someone ~

A : The teacher didn't let Tom bother his classmates.
선생님은 탐이 반 친구들을 괴롭히도록 놔두지 않았어.

B : What did she do? Tom is pretty obnoxious.
어떻게 하셨어? 탐은 무지 말썽꾸러기잖아.

A : She gave him one hour of detention whenever he bothered other students.
다른 학생을 괴롭힐 때마다 방과 후에 한 시간씩 남아 있게 하셨어.

말썽부리는 obnoxious | 구류, 벌로서 방과 후 학교에 남아 있는 것 detention

262 ~하지 마라.

Don't ~.

Don't interrupt. 끼어들지 마라.
Don't talk to me, like that. 나한테 그렇게 말하지 마.

PART 2

057 '~하지 마라'고 명령하거나 권할 때 (나)

263 ~할 수 없다

Can't ~

- Children under 15 can't watch this movie.
  15세 미만 청소년은 이 영화를 볼 수 없습니다.
- Children under 16 must be accompanied by an adult.
  16세 미만은 보호자 동반에 한해 입장 가능합니다.
- 동반한 be accompanied

264 ~할 필요가 없다

Don't need to ~.
There is no need to ~.

- You don't need to go. 넌 갈 필요가 없다.

265 ~해서는 안 된다

Shouldn't ~
not supposed to ~

- A : You shouldn't do that. 그렇게 하면 안 돼.
  B : Don't tell me what to do. 나한테 이래라 저래라 하지 마.

266 ~하는 것을 허락하지 않다

not allow someone to ~

058 위기 상황에 필요한 말 (1)

267 경찰을 불러 주세요!

Call the police!

268 구급차 좀 불러 줘요.

Call an ambulance!

269 날 내려줘.

Put me down.

270 내려놔!

Put it down.

271 도둑이야!

Thief!

272 도망가자!

Run away.

273 무릎 꿇어!

Kneel down!

059 위기 상황에 필요한 말 (2)

274 불이야!

Fire!

275 사람 살려!

Help!
Save me!

276 소방차 불러 주세요!

Call the fire department!

277 손들어!

Raise your hands!
Put your hands up!

278 아무 것도 만지지 마!

Don't touch anything!

279 엎드려!

Get down (on your stomach)!

060 위기 상황에 필요한 말 (3)

280 움직이지 마!

Don't move!
Stay still!
Freeze!

281 의사 좀 불러 줘요!

Call a doctor!

282 잡아라!

Stop him!

> '그를 잡아라' 또는 '그를 막아라'라는 뜻으로 쓴다. Go get him.은 싸움하다가 도망친 사람 등을 '가서 붙잡아 와'라는 뜻이다.

283 조심해!

Watch out!
Be careful!

061 눈에 자주 띄는 생활 속의 경고문(l)

284 공사 중. 접근 금지.

Construction zone. Do not enter.

285 당기시오.

Pull.

286 동물들에게 먹이를 주지 마시오.

Don't feed the animals.

동물원에서 쓰는 말.

287 막힌 길

Dead end

288 만지지 마세요.

Don't touch.

289 머리 조심.

Watch your head.

062 눈에 자주 띄는 생활 속의 경고문(2)

290 미끄럼 주의

Slippery (when wet)

291 미시오

Push.

- Push the red handle in case of emergency.
  응급 상황에서 빨간색 손잡이를 미시오.
- 응급 상황 in case of emergency

292 발 조심

Watch your step.

293 순찰중

Law enforcement

- 한국은 길가에 순찰중이라는 팻말 아래 POLICE ENFORCEMENT라고 쓰여 있지만, 미국에서는 Law enforcement라고 쓰여 있다.

294 신호등 지키기.

Obey the signal.

063 눈에 자주 띄는 생활 속의 경고문(3)

295 양보(차도에서)

Yield.

296 어린이의 손에 닿지 않게 하세요.

Keep out of reach of small children.

297 주차 금지

No parking.

298 출입 금지

Do not enter.

- Do not enter. Employees only.
  관계자 외 출입 금지

299 촬영 금지

Do not take pictures.

300 취급 주의

Extreme Caution

064 눈에 자주 띄는 생활 속의 경고문(나)

301 함부로 쓰레기를 버리지 마세요.

Don't litter.

302 함부로 침이나 가래를 뱉지 마세요.

Don't spit.

303 흡연 금지 / 금연

No smoking.
Smoke free.

> 면세점은 duty free shop이라고 하는데, 이때 free는 자유의 의미가 아니라 금지의 의미다. 이와 마찬가지로 smoke free는 흡연 금지의 뜻이다.

옷 택(tag)에 있는 내용

MACHINE WASH WARM	세탁기 사용시 따뜻한 물
MACHINE WASH COLD	세탁기 사용시 차가운 물
WASH WITH LIKE COLORS	비슷한 색깔 옷과 세탁
INSIDE OUT WITH LIKE COLORS	뒤집어서 비슷한 색깔 옷과 세탁
ONLY NON-CHLORINE BLEACH WHEN NEEDED	염소 표백 금지
TUMBLE DRY LOW	건조시 약하게
LAY FLAT TO DRY	눕혀서 말릴 것
HAND WASH COLD SEPARATELY	분리해서 찬물로 손세탁
DO NOT BLEACH	표백 금지
DO NOT TUMBLE DRY	건조기 사용 금지
DO NOT WRING	비틀어 짜기 금지
DO NOT IRON	다림질 금지
DRY CLEANABLE	드라이클리닝할 것

PART 3
비지니스 회화의 장

비지니스 영어,
나도 이젠 당당히 그들과 이야기한다.
회사 내 일상 회화나 상담이 가능해진다.

065 회사 및 기관의 직함 이름 (I)

304 CEO(최고 경영 책임자)

chief executive officer

A CEO represents a company and is responsible for its management.
CEO는 기업을 대표하며 기업 경영에 책임을 진다.

305 CFO(재무 담당 최고 책임자)

chief financial officer

306 CIO(정보 통신 담당 최고 책임자)

chief information officer

307 감사관

supervisor

308 공장장

factory manager

309 공사장 감독

foreman

066 회사 및 기관의 직함 이름 (2)

310 국장

chief of office / the director of a bureau

311 계장

section chief

💡 회사의 직함명은 정해진 것이 없고 회사마다 하는 업무에 따라 다르게 쓴다.

312 과장

the head
the chief of the section

313 관리자

supervisor

💡 보통 자기 직속 상사는 boss로 부른다.

A : How's your new boss? 새로 온 상사 어때?
B : She is a good listener and her advice is very helpful.
우리의 말을 잘 경청해 주고 조언도 아주 도움이 돼.
A : That's great. 잘 됐네.
B : But she is strict about certain things such as coming to work on time and dressing appropriately.
그런데 출근 시간이나 옷차림 같은 것에 대해서는 엄격해.

PART 3

067 회사 및 기관의 직함 이름 (3)

---

314 본사

headquarters

- headquarters의 s는 복수가 아니다.
- Our headquarters is located in Mapo.
  저희 본사는 마포에 위치하고 있습니다.

---

315 부사장

vice president

---

316 부장 / 과장

the head of a department / manager

- manager는 과장, 부장 등으로 쓰인다. 그러나 한국처럼 '김 과장', '이 부장님' 등 직함으로 부르지 않는다. 정중하게 부를 때는 Mr., Ms. 뒤에 성으로 부르면 된다. 박사 학위 소지자나 의사의 경우 Dr.를 붙이기도 한다.

---

317 비서

secretary

---

318 사장

president
chairman

068 회사 및 기관의 직함 이름 (나)

319 선임자

predecessor

320 후임자

successor

321 신입 사원

new employees
newcomers

322 이사장

the chief director
the chairman of the board of directors
the director general

323 이사회

the board of directors
executive board
a council

069 회사 및 기관의 직함 이름 (5)

324 장관

minister

The minister of health and welfare resigned due to a scandal.
보건복지부 장관이 스캔들로 인해 사임했다.

325 정부 내각

Cabinet / the ministry

326 정부 부처

division of the government

327 주임

the chief

328 지사

branch

329 직원

employee / worker

I had a drink with my employees yesterday. 어제 우리 직원들과 한잔 했어.

070 회사 및 기관의 직함 이름 (6)

330 차관

vice minister

331 처장

superintendent

332 청장

director (of a government office)

333 팀장

team manager

A : What does she do?
그녀는 무슨 일을 해요?
B : She is working as a design team manager.
그녀는 디자인 팀장을 맡고 있어요.

334 회계사

accountant

335 공인회계사

CPA: a certified public accountant

PART 3

071 업무 및 사회 생활에서 쓰는 말 (I)

336 가게를 하나 하고 있어요.

I run a store.

- 운영하다 run
- I run a publishing business. 출판사를 경영하고 있어요.

337 가족이야말로 내가 살아 가는 이유지.

Everything I do is for my family.

338 간부

executive member

- My dream is to be an executive member. 내 꿈은 회사 간부가 되는 거야.

339 강등되다

get demoted

- A : Did you hear about James?
  제임스 얘기 들었어?
- B : What about him? 뭐?
- A : He got demoted because he lost one of the company's major accounts.
  강등됐대. 회사의 주요 고객을 놓쳐서.

- 주요 고객 major account

072 업무 및 사회 생활에서 쓰는 말 (2)

---

340 경리부

the general accounting department

---

341 경영직

management position

---

342 계약

contract

---

343 계약 조건 / 약정

stipulation / conditions / terms

- I can't agree with the terms of this contract.
  저는 이 계약 조건에 동의할 수 없습니다.

---

344 계약을 체결하다

sign a contract

- I'm glad to finally sign a contract. 드디어 계약을 체결하게 되어 기쁘군요.

---

345 고객 지원 업무

customer affairs

073 업무 및 사회 생활에서 쓰는 말 (3)

346   그는 퇴근 시간만 기다리는 사람이야.

He is a clock watcher.

- She always leaves work right on time. / She's a clock watcher.
  그녀는 언제나 칼퇴근을 한다.

347   당직을 서다

be on night duty

- A : Who's on night duty this Saturday? 이번 주 토요일은 누가 당직이야?
  B : It's me. 나야.

348   딩크족 / 아이 없는 맞벌이 부부

DINK / Double Income No Kids

349   병가를 내다

take a sick day
take sick leave

- I'd like to take a sick day. 병가를 내고 싶습니다.

350   월차(연차)를 내다

take a day off

074 업무 및 사회 생활에서 쓰는 말 (나)

351　수습 기간 중이다

be on probation

352　승진하다

get a promotion
be / get promoted

- A : I got promoted. 승진했어.
  B : Congratulations. You deserve it.
  축하해, 당연한 일이야(너는 충분히 그럴 자격이 있어).

353　연줄로 취직하다

get a job through a connection

- After all, connections matter. 결국 연줄이 중요합니다.

354　인사 이동

personnel changes

- Due to corporate restructuring, my department is undergoing personnel changes. 구조 조정으로 인해 우리 부서에는 인사 이동이 진행중입니다.

355　임시직 노동자

temporary / temp

075 업무 및 사회 생활에서 쓰는 말 (5)

356 출산 휴직

maternity leave

She returned to work after a 3 month maternity leave.
그녀는 3개월의 출산 휴직을 마치고 직장에 복귀했다.

357 퇴직금

retirement grants

358 하청업체 / 협력업체

subcontractor

A subcontractor is hired by a general contractor to perform a specific task as part of the overall project.
하청업체는 전반적인 프로젝트의 일정 부분의 특정한 업무를 수행하기 위해 주계약자에게 고용된 것이다.

주계약자 general contractor

359 회사를 옮기다

find / get a new job

'회사를 옮기다'를 move a company라고 쓰면 본인 소유의 회사를 다른 곳으로 옮긴다는 뜻이 된다.

A : How are you doing? 어떻게 지내?
B : I'm very busy since I got a new job. 회사를 옮겨서 아주 바빠.

076 사무실 비품 및 사무용품에 관한 말

360 고장 났어요.

It's out of order.
It's broken.

361 복사가 흐리군요.

This copy is blurry.

흐릿한 blurry

362 복사기에 종이가 걸렸어요.

The copy machine has a paper jam.
The copier is jammed.

363 인터넷이 안 돼요.

The internet is not working.

364 키보드가 안 돼요.

The keyboard does not work.

365 토너가 떨어졌어요.

It's out of toner.

077 급여 · 돈에 관한 말

366 급여를 받다

get paid

367 대출을 받다

make a loan at a bank

미국에서는 집을 마련하기 위해 20년, 30년 상환 담보 대출을 받는 경우가 대부분이다.

368 봉급이 인상됐어.

I got a raise.

369 봉급이 깎였어.

I got a pay cut.

370 수당 / 보조금

allowance / bonus

특별 수당 special allowance 초과 근무 수당 overtime allowance
실직 수당 unemployment benefit 퇴직 수당 retirement / severance allowance

371 연봉

annual salary

078 회사에서 - 매일 쓰는 말 (1)

372 (오전)물을 끓이다

boil water

'커피를 타다'는 make coffee라고 한다.

373 서랍을 정리하다

straighten the drawer

서랍 a drawer

374 책상 정리를 하다

straighten
organize one's desk.

375 커피를 드릴까요?

Would you like some coffee?

차를 우려내다 soak the tea | 차를 따르다 pour tea into a cup
차를 타다 make tea | 커피 잔을 씻다 wash a coffee cup

376 출근 기록 카드를 찍다

punch one's time card

출근 to clock in | 퇴근 to clock out | 출근 기록 카드 time card

079 회사에서 - 매일 쓰는 말 (2)

377 (점심)각자 계산하는 게 어때?

Why don't we go Dutch?

378 도시락

lunch box

He brings a lunch box everyday. 그는 매일 도시락을 싸 온다.

379 자동판매기에서 커피를 뽑다

to get coffee from the vending machine.

자판기 vending machine

380 잘 먹었다.

That was good. I enjoyed it.

381 점심 뭐 먹을까요?

What shall we have for lunch?

382 전화로 점심 시켜 먹을까요?

Do you feel like calling out for lunch?

080 회사에서 - 매일 쓰는 말 (3)

383   (오후)간식을 먹다

have a snack

I decided not to have snacks to lose some weight.
살을 빼려고 간식을 먹지 않기로 결정했어요.

384   할 일이 산더미다.

My hands are full.

385   기한이 언제입니까?

When is the deadline?
When is it due?

기한 deadline, due

386   더 이상은 못 하겠다.

This is the last straw.

387   더 이상은 못 해.

This is the straw that broke the camels back.

관용어적인 표현으로 이것보다 더 많은 일을 할 수 없다는 뜻이다.

081 회사에서 - 매일 쓰는 말 (4)

388 (저녁)귀가 길에

on the way home

I stop by the health club and work out for an hour every day on the way home.
귀가 길에 헬스클럽에 들러서 매일 한 시간씩 운동하고 있다.

들르다 stop by | 운동하다 work out

389 귀가하다

go home

A : Hello? Could I speak to Mr. Park? 여보세요? 박 과장님 좀 부탁합니다.
B : Mr. Park? He's gone home. 과장님, 귀가하셨는데요.
A : Alright. I'll try his cell phone. 아, 네. 제가 핸드폰으로 할게요.

직함으로 사람을 부르지 않는다. '박 과장님'은 Mr. Park으로 표현하는 게 자연스럽다.

390 야근하다

work late

I have to work late because I have a lot of work to catch up on.
일이 밀려서 야근해야 한다.

391 오늘은 내가 살게.

I'll pay. / It's on me. / It's my treat.

082 회사에서 - 술에 관한 말

392 그는 술고래야. / 무지 잘 마셔.

He drinks like a fish.

- 고래(whale) 대신 fish를 써야 한다.

393 술고래

heavy drinker / alcoholic / bad drunk

- 중독 -holic
- 일 중독 workaholic | 쇼핑 중독 shopaholic

394 원샷!

Bottoms up!

- '원샷!'을 외치면 같이 마시는 것은 주로 한국 문화이다. 북미에서는 담소를 하면서 음주를 즐기는 문화이다. 지나치게 술 마시는 것에 집착하는 모습을 보이거나 같이 마시자고 계속 강요하면 알코올 중독자(alcoholic)라는 의심을 사기 쉽다.

395 저는 술은 사교를 위해서 약간 합니다.

I just drink socially.

396 전 술에 약해요.

I get drunk easily.

- I become very talkative when I drink. 전 술을 마시면 말이 많아져요.

PART 3

083 회사에서 - 담배에 관한 말

397 간접 흡연

second hand smoking

398 골초

heavy smoker / chain smoker

399 금연

no smoking

400 담배를 피우다

smoke

- I smoke one pack of cigarettes per day. 나는 하루에 담배 한 갑을 피운다.
- 담배를 끊다 quit smoking

401 재떨이

ashtray

402 흡연실

smoking lounge

084 출퇴근길에 관한 말

403 지하철을 타다

get on the subway

- I hate to be jammed / squeezed on the subway everyday.
  매일 지하철에서 끼여 가는 거 너무 싫어.

- 택시를 타다 get / take a taxi | 갈아타다 transfer

404 밀지 마세요.

Don't push me.

405 버스를 놓치다

miss the bus

- A : I'll be late if I miss this bus. 이번에 오는 버스를 놓치면 지각할 거야.
  B : Then let's get on! 그럼 타자!
  A : Here comes the bus! 저기 버스 온다!

- The bus comes here.라고 하면 안 된다.

406 차가 막힌다.

The traffic is bad.
There is heavy traffic.
Traffic jam.

085 친절한 안내 (1)

407 어떻게 오셨습니까?

What does it concern?

408 방금까지 여기 계셨는데, 지금 잠깐 나가신 것 같습니다.

He was here just a minute ago. It looks like he might have stepped out.

- 잠깐 나가다 step out

409 사전에 시간 약속은 하셨나요?

Do you have an appointment?

- 약속 appointment

410 실례지만, 어떻게 오셨습니까?

May I help you?

- 이것을 직역해서 말할 필요는 없다. 방문객이 온 경우는 May I help you?가 가장 무난하다.
- A : May I help you? 어떻게 오셨습니까?
  B : I'm here to meet Mr. Smith. 스미스 씨를 만나러 왔습니다.
  A : I see. Please have a seat and wait.
  아 예. 잠시만 앉아서 기다려 주세요.

086 친절한 안내 (2)

411 어디서 오셨습니까?

Where are you from?

412 이런, 방금 나가셨어요.

He has just gone out.

413 저쪽으로 가시면 됩니다.

Please go that way.

414 제가 안내해 드리겠습니다.

Please follow me.
Please walk this way.
Please come with me.

415 제가 찾아 보겠습니다.

I'll find him.

416 지금으로서는 몇 시에 돌아오실지 확실히 말씀 드릴 수 없네요.

I don't know when she will be back.

돌아오다 be back

087 차 접대 (I)

417 따뜻한 음료라도 한 잔 드시겠습니까?

Would you like a cup of hot tea perhaps?

418 마실 것 좀 드릴까요?

Would you like something to drink?

419 뭘 좀 드시겠습니까?

What can I get you?

420 얼른 앉으세요. 제가 커피 타 올게요.

Please sit down. I'll bring you a cup of coffee.

421 이 정도면 되겠습니까?

Is this enough? / Is this much OK?

- A : Would you like something to drink? 마실 것 좀 드릴까요?
- B : Coffee, please. 커피 주세요.
- A : Would you like sugar and cream with your coffee?
  크림이나 설탕 넣으십니까?
- B : Sugar, no cream, please. 크림은 넣지 마시고, 설탕만 넣어주세요.
- A : Here it is. Is this enough? 여기 있습니다. 이 정도 양이면 될까요?
- B : Thank you. That's good enough. 고맙습니다. 충분합니다.

088 차 접대 (2)

---

422 전 커피는 잘 안 마십니다.

I don't drink coffee, thank you.

- 상대방의 권유를 거절할 경우에는 뒤에 thank you(감사합니다만)를 반드시 붙인다.

A : I have diabetes, so I don't drink coffee. Can I just have water?
전, 당뇨가 있어서, 커피를 마시지 않습니다. 그냥 물 한잔 주시겠어요?

B : Certainly.
네, 그러죠.

---

423 커피하고 녹차가 있는데 어느 것을 드시겠습니까?

Which one do you like, coffee or green tea?

- 홍차 tea, black tea | 녹차 green tea

---

424 커피 괜찮으십니까?

Is coffee OK?

---

425 크림이나 설탕 넣으십니까?

Would you like sugar and cream with your coffee?

---

426 크림은 넣지 마시고, 설탕만 넣어 주세요.

Sugar, no cream, please.

089 소개와 인사 (I)

427 감사합니다. 아주 맘에 드네요. 멋진데요.

Thank you so much. I love it! It looks great!

428 걸어오다가 길을 잃었어요.

I got lost while I was walking.

- 길을 잃다 get lost

429 시간을 내주셔서 감사합니다.

I appreciate you taking the time.

430 아뇨. 간판이 눈에 확 띄어서 찾기 쉬웠어요.

No. The sign was easy to see, so the office was easy to find.

- 간판 sign

431 아이구 뭘 이런 걸 다, 안 그러셔도 되는데요.

You shouldn't have! You didn't have to do that.

- 선물을 받을 경우에 감사의 뜻을 표하고 선물을 볼 경우에는 매우 마음에 든다고 말하는 것이 좋은 매너이다.

090 소개와 인사 (2)

432 이 분이 저희 사장님이십니다.

This is the president of our company.

433 이쪽으로 앉으세요.

Please sit here.
Please have a seat.

434 저는 이미숙이라고 합니다. 그냥 미즈 리라고 불러 주세요.

My name is Mi-sook Lee. Just call me Ms. Lee

435 사무실 찾기 힘드셨죠?

Was it hard to find the office?
Did you have a hard time finding the office?

436 저희의 작은 성의입니다.

This is a small token of our gratitude.

437 제가 동부 지역 업무를 맡고 있습니다.

I'm in charge of the eastern division.

💧 업무를 맡다 be in charge of ~

091 소개와 인사 (3)

438 제가 황과장의 후임입니다.

I'm taking over for Ms. Hwang.

직업의 호칭은 영어로 정해진 것이 없다. 각 회사마다 규칙에 따라 다르다.

439 제 소개를 하겠습니다.

Let me introduce myself.

440 제가 김 사장님을 소개하게 되어 영광입니다.

I feel honored to introduce President Kim.

441 당신이 그를 좀 소개해 주십시오.

Please introduce him.

442 본인 소개를 해 주십시오.

Please introduce yourself.

443 제가 당신을 미스터 김에게 소개해도 되겠습니까?

Shall I introduce you to Mr. Kim?

092 용무가 끝나고 돌아갈 때 (1)

444 곧 다시 만나길 바랍니다.

I hope we'll be able to get together again soon.
I hope to see you again.

> 친한 사이에는 I can't wait to see you again.(널 빨리 만나고 싶어.)라고 쓴다.

445 만나서 반가웠습니다.

It was nice meeting you.
I was glad to meet you today.

446 미국에 가게 되면 꼭 연락 드리겠습니다.

If I'm in the US, I'll call you.
I'll get in touch if I'm in the US.

447 바쁘실 텐데 일부러 이렇게 찾아와 주셔서 감사합니다.

Thank you for coming, even though you're busy.

448 사장님께 안부 전해 주십시오.

Please give my regards to the president.

449 안녕히 계세요.

See you later.

093 용무가 끝나고 돌아갈 때 (2)

450 앞으로 자주 연락합시다.

Let's keep in touch.

451 와 주셔서 감사했습니다.

We enjoyed having you.

452 저는 이만 가보겠습니다.

I guess I better go.
I've got to go now.

453 조심해서 가세요.

Take it easy.
See you later.
Have a good one.

454 지하철역까지 차로 모셔다 드리겠습니다.

I'll give you a ride to the subway station.

A : Where are you going? 어디 가세요?
B : I'm going to Jongno. 종로에 가요.
A : I'll give you a ride to Jongno on the way home.
집에 가는 길에 종로에 모셔다 드릴게요.
B : That would be great. 그럼 너무 감사하죠.

094 전화를 걸고 받을 때

455 구내 전화 709로 연결해주세요.

Connect me to seven zero nine, please.

456 기다리시게 해서 죄송합니다.

I'm sorry to make you wait.

- 오래 기다리시게 해서 죄송합니다. I'm sorry you had to wait so long.

457 네, 전화 바꿨습니다.

Speaking.

- A : Hello. This is Jplus. 안녕하세요. 제이플러스입니다.
- B : Could I speak to Sun-hee Lee from editing, please.
  편집부 이선희 씨 자리에 계신가요?
- A : Speaking. May I ask who's calling? 전데요. 어디시죠?
- B : This is Jack from R publisher. 저는 R출판사의 잭입니다.

- 편집부 editorial office:말할 때는 간단히 editing이라고 한다.

458 잠시 기다려 주세요.

One moment, please. / Hold on, please.

459 킹 씨 부탁드립니다.

May I speak to Mr. King?

095 전화를 받을 수 없을 때 (1)

460 그는 아프다고 전화 왔어요.

He called in sick.

461 새라는 오늘 병가를 냈어요.

Sarah is taking a sick leave.

병가 sick leave

462 언제쯤 돌아오십니까?

When will she be back?

463 오후 2시쯤 될 것 같네요.

It will be this afternoon at about two.

464 10분 후면 돌아오실 거예요.

He will be back in about 10 minutes.

'~후에'라는 말은 after 대신 in을 쓴다.

465 이미 퇴근하셨습니다.

He left for the day.
He's gone home.

096 전화를 받을 수 없을 때 (2)

466 잠깐 기다리시겠습니까?

One moment, please.
Would you like to wait?

467 잠깐 외출중이십니다.

She is out.
She's stepped out for a moment.

468 죄송하지만, 좀 있다가 다시 전화 주시겠습니까?

I'm sorry, but would you mind calling back later?

mind로 질문하면 '예스'의 뜻은 No.라고 해야 한다.

469 죄송합니다. 저도 확실히 잘 모르겠네요.

I'm sorry. I don't know. I'm not sure when she will be back.

470 죄송합니다. 지금 안 계시는데요.

I'm sorry. She is not in right now.

097 전화를 받을 수 없을 때 (3)

471 지금 출장 중이십니다.

She is on a business trip now.
She is out of town on business.

출장 a business trip

472 지금 통화 중이십니다.

She is on the phone.
She is on another line.

473 죄송합니다. 아직도 통화 중이십니다.

I'm sorry. She's still on the phone.

474 지금 회의 중이라 전화 받기가 곤란합니다.

He is in a meeting now. So he can't take your call.

예상보다, 예정보다 than expected

그 밖에 전화를 못 받는 여러 이유들

사직하셨습니다.	He quit.	손님 접대 중입니다.	He is meeting clients.
점심 식사하러 갔습니다.	Out to lunch.	퇴직하셨습니다.	He retired.
휴가(쉬는 날)입니다.	It's his day off.	휴가 중입니다.	On vacation.
회사를 떠나셨습니다.	He has left the company.		

098 메시지를 받을 때 (1)

475 급한 용건인가요?

Is it an emergency?

> 급한 용건이신가요? Is it an emergency call?
> 그럼 그분 핸드폰으로 걸어 보세요. Then you should call him on his cell phone.

476 네, 말씀 꼭 전해 드리겠습니다.

I'll tell him you called.
I'll be sure to give him your message.

477 뭐라고 전해 드릴까요?

Can / May I take your message?

478 사장님께 메시지를 남기시겠습니까?

Would you like to leave a message for the president?

479 성함이 어떻게 되시죠?

Can I have your name, please?
What's your name?

PART 3

099 메시지를 받을 때 (2)

480 철자가 어떻게 되십니까?

How do you spell it / your name?

이름이나 회사명을 물은 뒤에 철자를 확인하는 것이 보통이다. B/D/V 등은 전화상으로 잘못 알아듣는 경우가 있으므로 B for boy, D for David, V for victory와 같이 확인하는 것이 좋다.

481 잠깐만요, 적을 것 좀 찾을게요.

Wait a second. Let me get something to write on.

적을 것 something to write | 먹을 것 something to eat | 입을 것 something to wear

482 잠깐만요, 메모 좀 하겠습니다.

Hold on, I just need to make a note.

메모하다 make a note

483 저희 사장님이 전화 번호를 알고 계십니까?

Does the president know your phone number?

484 혹시 모르니까 전화 번호를 말씀해 주세요.

Please tell me your phone number just in case.

100 내가 전화를 걸 때 (1)

485 그가 전화했다고 하던데요.

I'm returning his call.

486 그럼, 김명수한테 전화 왔었다고 전해 주세요.

Then please tell him that Myoung-soo Kim called.

487 그럼 휴대폰으로 해보겠습니다.

Then I'll try his cell phone.

488 기다릴까요?

Shall I hold?

489 네, 그럼 안녕히 계십시오.

Thank you. Bye.

490 (확인하기 위해서) 다 받아 적으셨나요? 아시겠어요?

Is everything clear?

101 내가 전화를 걸 때 (2)

491 메시지 좀 남겨 주시겠어요?

Could you take a message?

492 안녕하세요. 김 과장님 대신 전화 걸었는데요.

I'm calling on behalf of the manager, Mr. Kim.

493 여보세요? 삼선입니까?

Hello, is this Samsun?

494 저는 서울무역의 김명수라고 합니다.

This is Myoung-soo Kim from Seoul Trade Company.

전화상으로 소개할 때는 I'm 대신 This is라고 해야 한다.

495 전화 부탁 드린다고 전해 주세요.

Please tell him to call me back.

496 제가 다시 걸겠습니다.

I'll call back.

102 그 밖에 전화에서 자주 쓰는 말 (1)

497 국제 전화를 걸려고 합니다.

I want to make an international call.

498 그런 사람은 없습니다.

There is no one here by that name.

499 누구시라고요?

What did you say?
Who is it?

500 뉴욕으로 시외(장거리) 전화 걸려고 합니다.

I want to make a long distance call to New York.

501 몇 번으로 거셨나요?

What number are you trying to call?

502 성함을 다시 한번 말씀해 주십시오.

Please tell me your name again.

103 그 밖에 전화에서 자주 쓰는 말 (2)

503 아무도 안 받는데요.

No one is answering.

504 (자동 응답) 없는 국번에 전화를 거셨습니다.

You have dialed / reached a number that has been disconnected.

The number you have dialed is no longer in service.

505 잘 안 들리는데요.

I can't hear you.
It's hard to hear you.
I can't hear you very well.

506 전화 잘못 거신 것 같은데요.

You seem to have the wrong number.

507 전화 잘못 거셨어요.

You've got the wrong number.

104 그 밖에 전화에서 자주 쓰는 말 (3)

508 제가 전화한 이유는 ~때문입니다.

I'm calling because ~.

A : Hi. I'm calling because this month TC Tele-com's offering special savings for new customers.
안녕하세요. 제가 전화한 이유는 이번 달에 TC텔레콤이 새 가입자에게 특별 할인을 해드리기 때문입니다.

B : No thanks. I'm not interested.
관심 없어요.

상품 소개 대부분의 전화는 관심이 없다는 말로 끊지만 만약 더 알고 싶은 경우에는 Oh, really? That sounds good.(그래요? 괜찮은 것 같네요.) 등으로 대답하면 보다 자세한 설명이 이어진다.

509 좀 더 큰 소리로 말해 주시겠습니까?

Could you speak a little louder?

510 좀 천천히 말해 주시겠습니까?

Could you speak more slowly?

511 죄송합니다. 잘 안 들리니까 다시 걸어 주시겠습니까?

I'm sorry. I can't hear you. Could you please call me later?

105 전화 응대 (I)

512 다시 걸다

call back

513 메시지를 남기다

leave a message

A : I'm sorry, but Ms. Bradshaw is out. Would you like to leave a message? 죄송한데, 브레드쇼 씨는 부재중이신데요. 메시지를 남기시겠습니까?
B : Sure. This is Stephanie Lee from VX Soft-ware.
네. VX 소프트사의 스테파니 리예요.

514 메시지를 받아 적다

take a message

515 수화기를 들다

pick up the phone

516 연락처를 남길 때

I can't answer the phone right now. In case of emergency, please call my cell phone at 011-713-2345.

지금은 전화를 받을 수 없사오니 급하신 분은 휴대폰 011-713-2345로 전화 주시기 바랍니다.

106 전화 응대 (2)

517   자동 응답기

answering machine

518   자동 응답기에 메시지를 남길 때

Hello, this is Simon. I called to tell you something. I'd appreciate it if you would call me back when you get in. It's some important news about our contract.

안녕하세요? 저는 사이몬인데요, 드릴 말씀이 있어서 전화 드렸습니다. 돌아오신 후 사무실로 전화 주시면 감사하겠습니다. 저희 계약에 관한 중요한 소식입니다.

519   자동 응답기의 녹음 내용

Hello. This is William. Sorry I can't come to the phone right now. Please leave a message and your phone number after the beep. I'll contact you when I get back.

윌리엄입니다. 지금은 외출중이라 전화를 받을 수 없사오니, 신호음이 울린 후 용건이나 전화 번호를 남겨 주세요. 돌아와서 바로 연락드리겠습니다.

520   장난 전화하다

make a prank call

107 전화 응대 (3)

521 전화를 걸다

call
make a call
phone

A : Call me when you get to Chicago.
시카고에 오시면 저에게 전화하세요.
B : Sure. I'll let you know as soon as I get to the airport.
물론이죠. 공항에 도착하자마자 할게요.

하자마자 as soon as

522 전화가 고장났다.

The phone is out of order.

523 전화를 끊다

hang up

524 전화를 받다

answer the phone
receive the call
get the call

108 전화로 약속하기 (1)

525 가능한 빨리 뵙고 싶어요.

I'd like to meet you as soon as possible.

- 가능한 빨리 as soon as possible

526 그럼, 그렇게 해요.

Sure. No problem.

527 그럼, 그때 뵙겠습니다.

OK, see you then.

528 다음 주는 시간이 어떠세요?

Do you have time next week?

- Do you have time tomorrow? 내일 괜찮아요?

529 만약 내일 시간이 있으시면 만나 뵙고 싶습니다.

I'd like to meet tomorrow if you have time.

530 사장님과 내일 약속을 정하고 싶습니다.

I'd like to make an appointment tomorrow with the president.

109 전화로 약속하기 (2)

531 저희 홈페이지를 보시면 약도가 있습니다.

If you look at our webpage, you can see the map.

532 제가 그쪽으로 찾아 뵐까요?

Should I meet you at your office?

533 한번 방문하고 싶습니다.

I'd like to visit you.
I want to come and see you.

- A : I'd like to come and introduce our new product.
  신상품 소개차 한번 방문하고 싶습니다.
- B: Sure. I might have time next week.
  좋습니다. 다음 주에 시간이 될 거 같네요.

534 한번 찾아뵙고 인사 드렸으면 합니다.

I'd like to talk to you in person.
I'd like to meet you.

110 바이어 접대 (1)

535 만나서 반가웠습니다.

It was nice meeting you.

536 얘기 나눠서 즐거웠습니다.

It was nice talking to you.

537 사업 얘기는 점심 후에 하죠.

We can talk business after we finish lunch.

식사 중에 사업 얘기는 금물이다.

538 시차로 피곤하지 않으십니까?

Do you have jet lag?

539 여행길은 어떠셨습니까?

How was your trip?

540 여기 계시는 동안의 일정표입니다. 혹시 변경 사항이 생기면 알려 드리겠습니다.

Here is your schedule for while you are here. If there is change, I'll let you know.

111 바이어 접대 (2)

541 저희 회사에 오신 걸 환영합니다.

Welcome to our company.

542 저희 회사를 좀 더 아는 기회가 되길 바랍니다.

I hope it will be an opportunity for you to know more about our company.

543 점심 먹으면서 이 문제를 토론할까요?

Why don't we discuss it over lunch?

544 푹 쉬십시오. 내일 뵙겠습니다.

Take a rest. I'll see you tomorrow.

545 혹시 필요하신 것이 있으면 알려 주십시오.

Let me know if you need anything.

546 더 필요하신 것 있으십니까?

Do you need anything else?

112 집으로 초대했을 때 (I)

547 코트 받아드릴까요?

May I take your coat?

548 편히 계세요.

Make yourself at home.

549 마실 것 좀 드릴까요?

Can I get you something (to drink)?

음료수나 술, 와인 등을 식사 전에 간단히 하는 경우가 많다.

550 식사 준비 다 됐습니다.

Dinner is ready.
Dinner is served.

551 맛있게 드세요.

Enjoy your meal.

552 먼저 드세요.

Go ahead. / After you.

You first는 콩글리쉬!

113 집으로 초대했을 때 (2)

553 맛있는 냄새가 나는군요.

I smell something delicious.

554 이건 제가 제일 좋아하는 요리입니다.

This is my favorite dish.

555 요리를 참 잘하시는군요.

You are a good cook.

556 칭찬해 주셔서 감사합니다.

Thank you.

557 그렇게 말씀해 주시니 감사합니다.

That's very kind of you.

558 과찬이십니다.

This is very flattering.

559 이제까지 먹어 본 중에 최고의 저녁 식사였습니다.

It was the best dinner I've ever had.

114 해외 출장 (1)

560 공항에서 절 픽업해 줄 사람을 구해 주시겠어요?

Could you get someone to pick me up at the airport?

561 그는 출장 준비로 바빠요.

He is busy getting ready for a business trip.

562 다시 만나 뵙기를 바랍니다.

I'm looking forward to seeing you again.

'바란다'의 뜻으로 hope를 써도 되지만 look forward to를 사용하면 '바라다, 학수고대하다' 등의 뜻으로 좀 더 강조하는 것이다.

563 다음 달에 뉴욕에서 기술박람회가 개최되어 박람회 참석차 국장님이 출장을 가시게 되었습니다. 이것이 우리가 미국 시장에 진출할 좋은 기회가 될 것입니다.

The technology exhibit is going to be held in New York next month. Our manager will attend the exhibit on a business trip. This would be a chance for us to make inroads into the U.S. market.

박람회 exhibit | 진출 inroads | 참석하다 attend | 참석자 attendant

115 해외 출장 (2)

564 이렇게 따뜻하게 환대해 주셔서 감사합니다.

Thank you for your warm welcome.

따뜻한 환영, 환대 warm welcome

565 일요일부터 수요일까지 호텔방 좀 예약해 주시겠어요? 이왕이면 하얏트로요.

Can you book a hotel room for me from Sunday to Wednesday, if possible at the Hyatt?

이왕이면, 가능하다면 if possible

566 제가 미국에 다음 주 수요일부터 1주일 동안 출장을 가기로 되어 있습니다.

I'll be away on a business trip from next Wednesday for one week.

567 제게 베풀어 주신 호의에 감사드립니다.

Thank you for everything you've done for me.

568 참고로

for your information(FYI)

116 회의를 시작할 때

569 시작할까요?

Shall we begin?

570 안녕하십니까, 여러분! 어서 오세요.

Good morning everyone. Welcome.

571 여러분 모두 의사 일정표를 가지고 계십니까?

Does everyone have a copy of the agenda?

- 일정표 agenda

572 의사 일정의 제1항목은 ….

The first item on the agenda is … .

573 핸드폰을 꺼 주십시오.

Please make sure to turn off your cell phones.

117 진행 사항에 대한 설명 (1)

574 광고대행사와 이야기를 다 마친 상태입니다.

We finished talking with the advertising agency.

575 ~ 때문에 차질을 빚고 있습니다.

There are some problems ~.

A : What's going on with the ad planning? 광고 계획은 어떻게 되고 있나?
B : There are some problems due to the delay of the new product. 신제품 출하 시기가 늦어져 차질을 빚고 있습니다.

576 매상이 조금씩 오르고 있습니다.

Sales volume is increasing.

판매액 sales | 총판매액 total sales

577 보시는 자료에 의하면 매달 2%씩 시장이 성장하고 있음을 알 수 있습니다.

According to the handout, you can see that there has been a 2% monthly growth rate in the market.

578 상황이 점점 좋아지고 있습니다.

The situation is getting better.

118 진행 사항에 대한 설명 (2)

579 샘플 제작은 어떻게 되어 가고 있습니까?

What's going on with making the samples?

580 시장 점유율

market share

- These figures from last quarter show that our market share has increased. 지난 분기의 수치에 따르면 우리의 시장 점유율이 증가했습니다.

581 신제품

newly-launched product

582 (신제품을) 출시하다

launch

583 아직까지는 ~ / 현재까지는

so far

- There haven't been any problems so far. 아직은 별 문제 없습니다.
- A : How's everything with your team's research going?
  팀 리서치는 잘돼 가나요? 문제는 없구요?
  B : So far so good. But I have to wait and see how it goes.
  아직까지는 좋아요. 하지만 어떻게 되는지는 더 기다려 봐야지요.

119 진행 사항에 대한 설명 (3)

584 오늘의 주요 안건은 계약에 관한 것입니다.

Today's main topic is about the contract.

585 이미 초안을 준비했습니다.

I already have the first draft ready.

586 자리에 있는 회의 자료를 봐 주시기 바랍니다.

Please look at the handout that is on your chair.

587 작년에 매상이 50퍼센트 늘었습니다.

We experienced 50 percent growth in sales last year.

588 잘 되어 갑니까?

Is everything going well?

120 회의 중에 질문, 제안, 도중에 끼어들기

589 다음으로 넘어갈까요?

Shall we move on to the next point?

다음으로 넘어가다 move on

590 다음으로 넘어가기 전에, 질문하실 분 계십니까?

Does anyone have any questions before we move on?

591 잠시 실례를 해도 될까요?

Sorry, could I interrupt for a moment?

끼어들다, 실례하다 interrupt

592 (받은 질문에 대해) 저희에게 답변해 주시겠습니까?

Could you answer that for us?

593 제가 잠시 얘기해도 될까요?

May I just say something?

의문이 생기거나 회의하고 있는 내용이 알고 있는 사실과 다른 경우 즉시 질문하는 것이 좋다. 회의가 끝나고 나중에 하는 것보다 그 즉시 질문하고 해결해야 한다. 물론 다른 사람이 말하는 것을 가로채서는 안 되고, 의문이 생겼을 때는 발표하던 사람의 말이 끝나자마자 질문해야 한다.

121 정확히 답변하기 곤란할 때 (1)

594 간단한 다과가 준비되어 있으니 편히 드세요.

Here are some refreshments. Enjoy.

595 결정하기가 힘들군요.

It's hard to decide.

596 귀하의 견해를 인정하지만,

I appreciate your point of view, but ~

597 귀하의 뜻은 제가 이해하겠습니다만, ~

Although I know what you mean,~
Although I can see your point, ~
Although I understand your situation, ~

598 귀하의 말씀은 알겠지만,

I see what you mean, but ~

599 그 부분에 대해서는 동의합니다만, ~

Although I agree with that part, ~
I see your point, but ~

122 정확히 답변하기 곤란할 때 (2)

600 당신의 의견을 참고해 보려고 합니다. 당신이 생각한 것을 말씀해 주십시오.

We need your input on this. Please let us know what you think.

601 말씀이 틀린 것은 아니지만, ~

You're not wrong, but ~. -

602 며칠 더 생각해 보고 결정하죠. 시간을 주세요.

I'll decide after I think about it a couple of days more. Give me some / more time.

603 생각해 보겠습니다.

Let me think about it.
I'll think it over.
I'll sleep on it.

604 생각할 시간 좀 주세요.

Give me some time to consider again.
Please allow me enough time to examine it.

123 정확히 답변하기 곤란할 때 (3)

605 잠시 쉬었다가 10분 후에 회의를 다시 시작하겠습니다.

Let's take a break and resume our meeting in 10 minutes.

'10분 후에'는 after 10 minutes가 아니라 in 10 minutes라고 해야 한다.

606 저 혼자서 결정할 수 있는 일이 아니므로 시간을 좀더 주십시오.

It's not really up to me. I'll need more time.

607 이 일은 제 마음대로 처리할 수 없습니다.

I can't do this all by myself.

608 상사에게 얘기해 보겠습니다.

Let me have a word with my boss.

609 저희가 서류를 좀더 검토해 보고 나서 연락 드려도 되겠습니까?

Is it OK to contact you after we look at the paper work?

검토하다 look at

124 정확히 답변하기 곤란할 때 (나)

610 최종 가격을 결정하지 못하겠습니다.

We can't decide the final offer / price.

611 한마디로 뭐라 분명히 말씀 드리기가 쉽지 않군요.

It's hard to explain. It is hard to give a simple explanation.

612 한마디로 정리하기가 쉽지 않네요.

It is hard to keep it simple. It's complicated.

613 이 문제에 대해 한마디로 대답하기가 쉽지 않네요.

It isn't so easy to answer in short ... about this matter.

614 ~한 소식을 전하게 되어 죄송합니다.

I'm sorry to inform you that ~.

615 현재로선 드릴 말씀이 없군요. 아직 확실히 결정을 내리지 못했습니다.

I have nothing to say now. We haven't made any decision yet.

125 회의를 이어가는 한마디 (1)

616 가격에 대한 언급이 없으시네요.

You haven't mentioned the price.

617 한 가지 말씀 드릴 게 있는데, 오픈 시기에 대한 언급이 없으시네요.

I have one thing to say. You haven't mentioned the opening time.

618 가지고 계신 의견을 말씀해 주세요.

If you have any comments / opinions, please let know us.

619 그 밖에 또 하실 말씀 있습니까?

Is there anything you want to mention?

620 질문이 하나 있는데요.

I have a question for you.

621 당신은 어떻게 보십니까?

What do you think? / What's your opinion?

126 회의를 이어가는 한마디 (2)

622 ~라고 생각하지 않으십니까?

Don't you think ~?

- Don't you think the price is a little high?
  가격이 좀 비싸다고 생각하지 않으십니까?

623 사실, 문제는 ~입니다.

Actually / As a matter of fact, the problem is ~.

- As a matter of fact, time is the problem.
  사실 문제는 시간입니다.

624 어떻게 생각하십니까?

What are your views? / What do you think?

- 이때의 views는 '의견'을 뜻한다.

625 오늘은 이쯤에서 마무리하도록 하겠습니다.

Let's call it a day!

626 이런 것은 어떻습니까? 가령, ~

How about this? Such as ~
What about this? For example, ~

127 회의를 이어가는 한마디 (3)

627 잠시 쉬었다가 다시 얘기합시다.

Why don't you continue talking after the break?

휴식 break | 잠시 쉬죠. Let's take a break.

628 정확히 어떤 의미로 하신 말씀인가요?

What do you mean by that?

629 죄송합니다만, 그것에 대해 좀더 구체적으로 말씀해 주시겠습니까?

I'm sorry, but could you tell me more about it?

630 제 뜻은 ~입니다.

What I mean is that ~.

631 제가 예를 하나 들어 보겠습니다.

Let me give you an example.

632 예를 들자면,

For example,

128 거래가 성사됐을 때 (1)

633 거수로 결정합시다.

Let's decide by a show of hands.

634 계약서에 사인하십시오.

Please sign this contract.

계약서 contract

635 그 점에 대해서 저는 그렇게 생각하지 않습니다.

I cannot go along with you there.

636 유감스럽게도 제 의견은 좀 다릅니다.

I'm afraid my opinion is a little different.

637 그쪽 제안을 받아들일 수가 없습니다.

I can't accept your offer.

638 저희는 받아들일 수가 없습니다.

We can't accept that.

받아들이다, 수용하다 accept

129 거래가 성사됐을 때 (2)

639 방금 말씀하신 것에 대해 찬성합니다.

I agree with what you said.

640 여러분의 협조와 노력에 감사를 드립니다.

We appreciate your cooperation and effort.

- 협조와 노력 cooperation and efforts

641 우리 상담이 성공적으로 이루어져서 매우 기쁩니다.

I'm very pleased that our talks turned out to be successful.

642 저희도 적극 찬성입니다.

We couldn't agree with you more.

130 회의 마지막에

643 감사합니다. 여러분.

Thank you very much, everyone.

644 거의 시간이 다 되었습니다.

We're almost out of time.

645 결론을 내릴까요?

Could we come to a conclusion?

646 다음달 23일 오후 2시에 다시 뵙겠습니다.

We'll meet again on the 23rd of next month at 2 o'clock.

647 저희는 ~라고 결론지었습니다.

What we have decided is ~.

131 발주 (I)

648 가격 리스트를 보내 주셨으면 좋겠습니다. 이메일로 보내셔도 괜찮습니다.

I'd like you to send me a price list. If you can e-mail this, that would be fine.

649 가능한 빨리 계약서 사본을 팩스로 보내주시겠습니까?

Can you fax me a copy of the contract as soon as you can, please?

650 귀사에서는 상품을 안정적으로 공급해 주실 수 있습니까?

Could you provide the goods reliably?

안정적으로 reliably

651 그 점은 샘플을 보고 다시 이야기합시다.

Let's discuss the point again after looking at the sample.

652 그 점을 반드시 고려하겠습니다.

We'll be sure to consider that.

고려하다 consider

132 반주 (2)

653 물건이 예정대로 선적될 수 있겠습니까?

Can I be assured that your shipment will arrive as scheduled?

654 발주하다

place an order for (goods)

order

- I'd like to place an order for 500 MP3 players from the Malaysia manufacturing plant.
  말레이시아의 제조업자에게 새로운 MP3를 500개 발주하고 싶습니다.

655 새로 출시한 귀사의 신제품에 대해 좀더 자세히 알고 싶습니다.

I'd like some more details about your newly-launched product.

656 샘플을 곧바로 보내 주십시오.

Please send a sample immediately.

657 샘플을 본 후에 주문하겠습니다.

We'll order after we see the sample.

133 반주 (3)

658 어떤 방식으로 상품 가격을 책정하실 건가요?

How would you like to set the price of the goods?

책정하다 set

659 언제 납품 받을 수 있나요?

When can we expect the delivery?
When will you be able to deliver?

660 오랜 고객이니까 저희에게 신경 좀 써주시기 바랍니다.

Since we have been a regular customer for a long time, please look after us.

661 우리 회사는 매년 수입도 많이 하는데 할인해 주실 수 있습니까?

Since we import a lot every year, could you give us a discount?

662 제품에 대한 실연을 봤으면 좋겠습니다.

We'll need a product demonstration.

134 수주 (I)

663 내일 배송하겠습니다.

I'll ship them tomorrow.

664 더 이상 가격은 협상할 여지가 없습니다.

There is no room to negotiate the price.

협상하다 negotiate

665 더 이상 깎을 수는 없습니다.

I can't reduce the price any more.

666 이것이 저희가 드리는 최저 가격입니다.

This is our (rock) bottom price.
This is our best price.

667 디자인은 가능한 다양하게 준비해 두겠습니다.

We'll prepare as many kinds of designs as we can.

우리가 최대한/가능한 할 수 있을 만큼 as many as we can

135 수주 (2)

668 10월 5일에 선적됐습니다.

They were shipped on October 5th.

669 요즘 주문이 밀려 있습니다.

We are backlogged these days.

670 우리나라에서 매우 잘 팔려 늘 품절이에요.

It sells out in our country.

671 우리 요구 조건이 또 하나 있는데요, 반드시 일정량의 최소 주문량이 보장되어야 한다는 겁니다.

We have one more requirement. A minimum order has to be guaranteed.

672 주문량이 너무 적으면, 저희로서는 상품의 질을 보장하기 힘들고 가격도 비싸집니다.

If the order is too small, it will be hard to ensure the quality and price.

136 수주 (3)

673 이 제품은 국제시장에서 경쟁력이 있습니다.

This product is very competitive in the international market.

674 이 제품을 자신 있게 권합니다.

We strongly recommend this product.

675 저희 제품은 요구하신 모든 면을 다 갖고 있습니다.

Our products have all the features you need.

676 저희는 낱개로 팔지 않습니다. 컨테이너로 판매합니다.

The product is sold by the container, not individually.

677 품질이라면 자신 있습니다.

We're confident of the quality of our products.

137 클레임 (I)

678 가능한 빨리 신용장을 개설해 주십시오.

I'd like to open a letter of credit as soon as possible.

679 납품이 1주 늦어질 것 같습니다.

I'm afraid there's going to be a week's delay.

680 배달 주소

mailing address

681 선적하는 데 문제가 생겼습니다.

We've had some problems arranging the shipment.

682 손상된 상품을 교환해 주시겠습니까?

Would you exchange the damaged goods?

683 손상된 상품을 반송해 주시겠습니까?

Could you send the damaged goods back to us?

138 클레임 (2)

684 이달 말 이전에 결제해 드리겠습니다

We'll settle our account before the end of the month.

685 저희가 손해를 배상하겠습니다.

We'll compensate you for the loss.

- 배상하다 compensate
- The bank acknowledged its error but refused to compensate the customer for his loss.
  은행 측은 과실을 인정하였으나, 고객이 입은 피해에 대해 보상을 거절했다.

686 저희는 귀사의 클레임에 응할 수 없습니다.

We can't honor your claim.

687 저희 부담으로 해서 불량품을 반송해 주시겠습니까?

Would you return the defective articles at our expense?

- 불량품 defective articles

PART 4
손님 접대와 쇼핑

외국 손님!
이제 두렵지 않다.
마음껏 팔자!

139 손님을 맞이할 때 (1)

688 몇 분이십니까?

How many people in your party?

식당에서 자리를 찾아 주기 위해 인원수를 물을 때 쓰는 말이다. 여기서 party는 그룹, 단체의 의미이다.

689 무엇을 도와 드릴까요?

How can I help you?
May I help you?

690 뭐 (특별하게) 찾으시는 물건이라도 있습니까?

Is there something (in particular) you're looking for?

가게에서 손님이 무엇을 찾고 있는지 물어 보고 싶을 때 쓰인다.
특별하게 in particular

691 (손님이) 더 올 거예요.

I'm expecting company.

company는 회사뿐 아니라, 사람을 지칭할 때도 쓴다.

140 손님을 맞이할 때 (2)

692 예약하셨습니까?

Do you have a reservation?

693 유쾌한 시간 되시길 바랍니다.

Enjoy your time.
I hope you'll have a great time.

694 이쪽으로 앉으세요.

Please sit over here.
Please have a seat here.

695 제가 안내해 드리겠습니다.

Please come with me.

직접 안내해 줄 때, '저를 따라오세요.'란 뜻.

696 자리로 안내해 드리겠습니다.

I'll show you to your table.
I'll take you to the table.

141 고객에 대한 기본적인 응답

697 괜찮습니다.

That's fine.
That's OK.

손님이 미안하다고 할 때의 응답이다.

698 금방 알아보겠습니다.

Let me check.

손님의 요구에 대해 확인하여 알려주겠다는 뜻이다.

699 금방 오겠습니다.

I'll be right back.

700 음식을 금방 가져 오겠습니다.

I'll be right back with your food.

701 문제없습니다.

No problem.

702 예, 곧바로 가겠습니다.

I'm on my way.

142 식당에서 (1)

703 계산은 나가면서 하시면 됩니다.

You can pay on the way out at the register.

- 나가면서 on the way out | 카운터에서 at the register

704 계산은 자리에서 하시면 됩니다.

You can pay at the table.

705 준비되셨으면 계산해 드리겠습니다.

If you're ready, I'll check you out.

706 영수증 받을 수 있나요?

Can I get a receipt?

707 계산은 따로 해주세요.

Separate checks, please.

- 분리하다 separate
- 계산서는 check, bill, 영수증은 receipt라고 한다.

708 남은 음식 좀 싸 주세요.

Could I get a doggie bag, please?

143 식당에서 (2)

709 뭐랑 같이 나오나요?

What does it come with?

710 양파는 빼 주세요.

Hold the onions, please.

hold는 음식 주문할 때는 '~는 빼주세요'라는 뜻으로 쓰인다.

711 어느 정도 기다려야 합니까?

How long do we have to wait?

712 지금 꽉 차서 10분 정도 기다리셔야 합니다.

There are no empty tables. You'll have to wait for about ten minutes.

빈 자리 empty tables

713 잠깐만 기다리시면 됩니다.

Please wait a moment.

144 식당에서 (3)

714 여기 인터넷 되나요?

Do you have internet access here?

715 여기 재떨이 좀 갖다 주세요.

Could you bring us an ashtray?

- 재떨이 ashtray
- 북미에서는 많은 장소가 금연 지역(Non-smoking area)이기 때문에 들어가기 전에 반드시 확인해야 한다. 특히 공공장소에서의 흡연은 매우 엄격하게 규제되고 있다. 담배 가격은 한국보다 더 비싸다. 한국의 경우 여자 흡연자는 남자의 경우보다 훨씬 차별받는 경우가 많지만 북미에서는 금연 장소에서 피우지만 않는다면, 흡연자에 대한 남녀 차별은 없다.

716 여기, 리필은 무료인가요?

Excuse me, are refills free?

- 무카페인 커피 decaf (coffee) | 냉커피 iced coffee

717 오늘의 특별 요리는 무엇인가요?

What is today's special?

718 오늘의 특별 요리는 훈제 연어입니다.

Today's special is smoked salmon.

145 식당에서 (나)

719 저기요.(실례하지만 …)

Excuse me.

- 점원을 부를 때 Hey라고 하면 안 된다.

720 전 채식주의잔데 이 음식은 고기가 들어가나요?

I'm a vegetarian. Is there meat in this?

- 북미에서 채식주의자들이 매우 많아서 메뉴에 채식주의자용은 따로 설명되어 있는 경우가 많다.

721 조금 있다가 주문할게요.

We are going to hold off for a few minutes.

- 기다리다 hold off

722 조용한 자리로 부탁할게요.

Could we get a quiet table, please?

723 ~ 좀 갖다 주세요

Please give me ~.
Can I have ~?

- 물수건 wet tissue | 냅킨 napkin | 물 water | 물 한 잔 a glass of water | 얼음물 iced water:ice water와 ice coffee는 잘못된 말이다. | 계산서 check

146 식당에서 (5)

724 소지품을 저희가 보관해 드리겠습니다.

We'll keep your belongings.

725 주차해 드리겠습니다.

I'll park your car for you.

발레 파킹을 해주는 경우 보통 1달러 정도의 팁을 준다.

726 키는 맡겨 주십시오.

Please leave your keys here.

727 주차 확인 도장을 찍어 오세요.

Validate your parking ticket.

728 포장 주문도 되나요?

Can I get that to go?

포장 주문 to go

729 창가 쪽에 앉고 싶은데요.

I'd like a seat by the window.

147 음식점과 카페에서 (1)

730 결정하시면 불러 주십시오.

Let me know when you're ready to order.

731 고기는 몇 인분 드릴까요?

How many portions would you like?

몇 인분 portions

732 더 필요하신 것 있으십니까?

Is there anything else I can get you?

733 밥으로 하시겠습니까? 빵으로 하시겠습니까?

Would you like rice or bread?

734 선불입니다.

You need to pay up front.

735 스테이크는 얼마나 익혀 드릴까요?

How would you like your steak?

완전히 익은 것 well done | 중간 medium | 살짝 익힌 것 rare

148 음식점과 카페에서 (2)

736 여기 메뉴판 있습니다.

Here is your menu.

- 여기 ~ 있다 Here is ~
- 여기 물 있습니다. Here is water.

737 음료는 어떤 것으로 준비할까요?

What would you like to drink?
Can I get you something to drink?

- 북미에서 식사하기 전에 간단한 음료를 마시는 것이 보통이다. 메뉴판을 보기도 전에 '마실 거 뭐 드릴까요?'라고 묻는 경우가 많다.

738 자, 이제 드셔도 됩니다.

Now it's ready.

739 주문하시겠습니까?

Are you ready to order?

740 천천히 보세요.

Please take your time.

741 후식 드릴까요?

Would you like some dessert?

149 호텔 조식 뷔페에서 필요한 말

742 (아침인사) 안녕하세요, 선생님

Good morning, ma'am / sir.

743 두 분이십니까?

A table for two?

744 자, 이쪽으로 오세요.

Please come this way.

745 커피 드릴까요? 홍차 드릴까요?

Tea or coffee?

- A : May I take your order?
  주문 받아도 될까요?
- B1 : I'll have a steak, salad, and a baked potato.
  전 스테이크와 샐러드, 구운 감자 주세요.
- A : How would you like your steak?
  스테이크는 어떻게 해드릴까요?
- B1 : Medium, please.
  중간 정도요.
- B2 : I'd like to have a Greek salad and a chicken salad. Please hold the olives.
  그리스 샐러드와 치킨 샐러드 주세요. 올리브는 빼 주세요.
- A : OK.
  알겠습니다.

150 패스트푸드 음식점에서 (1)

746 프렌치 프라이도 곁들여 드릴까요?

Do you want French fries with that?

747 다 드신 후에 컵은 가져오세요.

Bring the cup when you're done.

748 리필 가능한가요?

Can I get refills?

749 배달

delivery

750 새치기하지 마세요.

Please don't jump the line.
Please don't cut in line.

새치기하다 jump the line, cut in line

751 어떤 맛으로 드릴까요?

What flavor do you want?

151 패스트푸드 음식점에서 (2)

752 여기서 드실 건가요?

For here? / Eat in?

753 포장하실 건가요?

To go?
Take out?
Carry out?

754 저희 신제품 드셔 보시겠어요?

Do you want to try our new set?

755 주문이 밀려 있어요.

It's on back order.

756 (주문) 다 하신 건가요?

Is that all?

757 죄송합니다만, 만들어 놓은 치킨버거가 없는데요. 5분 기다리시겠어요?

Sorry, we don't have any Chicken burgers made right now. Can you wait for 5 minutes?

152 주문을 받거나 상품을 권할 때 (1)

758 이거 입어 보실래요?

Do you want to try it on?

- 입어 보다 try on

759 이건 신상품인데, 아주 인기가 좋습니다.

This is a new product. It's very popular.

- 신상품 new product

760 이것은 지금 세일 중입니다.

This is on sale.

- 세일 중 on sale

761 이것이 세일 가격입니까?

Is this the sale price?

762 이게 (최신) 유행이에요.

It's in fashion.
It's in.
It's the latest style.
It's a fad.

153 주문을 받거나 상품을 권할 때 (2)

763 손님 피부에는 이게 좋을 것 같습니다. (화장품)

This seems right for your kind of skin.

지성 피부 oily skin | 건성 피부 dry skin

764 탈의실이 어디죠?

Where is the fitting room?

탈의실 the fitting room

765 편하십니까? (구두)

Are they comfortable?
How do they feel?

한쪽 구두만 망가져서 고치는 경우를 제외하면 신발은 거의 복수를 쓴다.

766 한국 음식 재료를 찾고 있는데요.

I'm looking for Korean food ingredients.

그대로 영어에서 쓰는 일본어 음식 이름
우동 woodon | 두부 tofu | 일식 된장국 miso (soup) | 스시/회 sushi, raw fish | 튀김/덴뿌라 tempura | 와사비 wasabi | 데리야끼소스 teriyaki

154 안경점에서 (1)

767 검안사

optometrist

768 도수가 안 맞는군요.

Your glasses are not right for you.

769 렌즈를 바꿔주시겠어요?

Can I replace the lenses?

770 시력이 나빠지고 있어요.

My eyesight is getting worse.

771 시력이 얼마나 돼요?

What's your vision?

시력 vision

772 안경 도수가 더 높은 것을 쓰세요.

Use stronger lenses.

155 안경점에서 (2)

773 이 테로 해 주세요.

I'd like this frame.

금테 gold-rimmed glasses | 무테 rimless glasses | 안경알 lens

774 1층 안내 카운터로 가시면 짐을 보관하실 수 있습니다.

You can leave your bags down at the first floor.

775 좀 어지럽네요.

I feel dizzy.

776 죄송하지만 이건 정찰제입니다.

Sorry, but the price is fixed.

777 테가 너무 헐거워요.

This frame is too loose.

778 테가 너무 끼어요.

This frame is too tight.

156 이용실에서

779 드라이 해 주세요.

Please blow dry my hair.

780 머리를 손질하다

have someone's hair done

🔹 미용실에 갈 때는 예약은 필수! 보통 가격은 한국보다 비싼 편이다. 팁은 15% 정도를 주어야 한다.
머리 좀 손질해야 돼. I need to have my hair done.

781 머리를 좀 다듬어 주세요.

Just a trim, please.

🔹 헤어 스타일
묶은 머리 pony tail | 땋은 머리 braid | 올린 머리 to wear one's hair up

782 어떻게 잘라 드릴까요?

How would you like your hair cut?

783 머리 잘랐어.

I got a hair cut.

🔹 I cut my hair.는 '거울을 보고 스스로 머리를 잘랐다'는 말.
염색하다 dye one's hair / 부분 염색 highlight

157 알아두면 편리한 쇼핑 용어 (1)

784 깎아 주세요.

Please give me a discount.
Can you come down a little?

785 좀 싸게 해 주세요.

Could you take off a little bit more?

786 거스름돈은 가지세요.

Keep the change.

787 너무 비싸요.

It's too expensive.

788 바가지군요.

That's a rip-off.

789 노점상

street vender

북미에서는 노점상 자체가 별로 흔하지 않고, 가격도 정찰제이기 때문에 가격을 흥정하는 경우는 거의 없다. 노점상에서는 주로 핫도그 같은 음식물을 판다. 간혹 동양 시장이나 중국인 거리에서 가격을 흥정하는 경우가 있긴 하다. 북미에서 가격을 흥정하는 경우는 대개 차를 사거나 집을 살 때이다. 이때는 절충해야 한다.

158 알아두면 편리한 쇼핑 용어 (2)

790 도매 가격이에요.

It's the wholesale price.

791 사용한 지 얼마 안 되었는데 벌써 고장났어요.

I just bought it and it's already broken.

792 싼 게 비지떡.

You get what you pay for.

793 정찰제

fixed retail price

794 충동구매자

impulse shopper

795 필요없어요. / 안 사요.

No thanks.
Maybe later.
I don't think so.

159 알아두면 편리한 쇼핑 용어 (3)

796 두 개를 하나의 가격으로 세일합니다.

We are having a two-for-one sale.

미국 상점에서 보는 할인 안내문
세일 중 On Sale | 폐업 세일 Going out business |
창고 정리, 재고 정리 Clearance Sale |
하나를 사면 하나를 덤으로, 1+1 Buy one get one free

one plus one sale은 Konglish.

797 할부로 구입 가능합니까?

Do you offer any monthly payment plans?
Can I pay in installments?

798 환불할 수 있나요?

Can I return it?

799 흥정하다

haggle

A : I love to go to a street market.
난 길거리 시장에 가는 게 참 좋아.
B : Why?
왜?
A : It's fun to haggle over prices.
가격 흥정하는 거 재미있잖아.

160 손님을 기다리게 했을 때

800 기다리게 해서 죄송합니다.

Sorry to make you wait.

💡 주문한 음식이 좀 늦어졌을 때, 찾는 물건을 갖다 줄 때 모두 쓰일 수 있다.

801 죄송합니다.

I'm sorry.

💡 좀 더 정중한 표현은 I apologize.

802 시간을 끌어 죄송하게 됐습니다.

I'm sorry to take a long time.

803 오랫동안 기다리시게 해서 죄송합니다.

Sorry to keep you waiting.

804 바로 돌아오겠습니다.

I'll be right back.

805 잠시만 기다려 주십시오.

Could you please wait?
Just one moment, please.

161 계산할 때 종업원이 손님에게 하는 말

806 같이 계산해 드릴까요?

Is everything together?
Are you together?

807 남은 음식 포장해 드릴까요?

Would you like me to wrap that up?
Do you want a doggie bag?

808 네, 4만 원 받았습니다.

That's forty thousand won.

809 따로따로 계산하시겠습니까?

Shall I ring them up separately?

주로 자리에서 손님이 먼저 '영수증 각자 해주세요.(Separate checks, please.)'라고 말한다.

810 쇼핑백 필요하십니까?

Do you need a paper bag?

비닐백 plastic bag | 종이백 paper bag

162 카드로 계산할 때 (1)

811 다른 카드 있으세요?

Do you have another card?

812 여권 좀 보여 주시겠습니까?

Could you show us your passport?

신분증 ID(identification) | 운전면허증 driver license

813 여기 사인 부탁드립니다.

Please sign here.

814 여기 카드 있습니다.

Here's your card.

815 이 카드도 되나요?

Can I use this card?

816 일시불로 하시겠습니까? 할부로 하시겠습니까?

Do you want to pay it all now, or in installments?

할부 installments

163 카드로 계산할 때 (2)

817 죄송하지만, 저희는 현금만 받습니다.

I'm sorry, but we only accept cash.

받다 to accept

818 카드가 기간 만료되었네요.

This card has expired.

819 카드가 안 되네요.

This card isn't working.

820 문제가 있는 것 같아요.

There seems to be a problem.

821 현금으로 하시겠습니까, 카드로 하시겠습니까?

Will that be cash or credit card?
Cash or charge?

164 손님을 보낼 때

822 또 들러 주세요.

Please stop by again.

들르다 stop by

823 또 오십시오!

Please come again.

824 또 뵙기를 바랍니다.

Hope to see you again.

825 안녕히 가십시오.

Bye!

826 좋은 하루 되세요.

Have a nice day!

827 좋은 여행이 되시길 바랍니다. (공항이나 여행지에서)

Enjoy your trip.
Have a nice trip.

PART 5
스피치 · 수상소감

갑자기 마이크가 내게 온다면?
여러 사람 앞에서
짧지만 센스있는 한마디를 하고 싶을 때

165 짧은 스피치로 빛나는 인사말 (I)

828 결혼식장에서

The father of the groom will now thank everyone. A warm round of applause, please.

신랑 아버지께서 가족을 대표하여 자리하신 내빈들께 감사의 인사를 드리고자 합니다. 박수 부탁드립니다.

- 신랑 groom
- Please attend the reception after this.
  이후에 간단한 리셉션이 있사오니 참석해 주시기 바랍니다.

829 내빈을 소개할 때

Next, Michael Johnson, CEO of Beach Tech, from the United States, will deliver a speech of congratulation. Please welcome him.

다음은, 오늘 행사를 위하여 미국에서 오신 Beach Tech사의 마이클 존슨 대표이사님의 축하 인사가 있겠습니다. 박수로 맞아 주십시오.

830 박수로 맞아 주십시오.

Please welcome him.

831 뜨거운 박수로 맞아 주십시오.

Please welcome him with a warm round of applause.

166 짧은 스피치로 빛나는 인사말 (2)

832 사회자의 인사말

Hello, ladies and gentlemen. My name is Mi-young and I am the MC for tonight's events. I would like to thank you deeply for taking time out of your busy schedules to come today. First of all, Chairman Lee, the founder of GS, will speak.

안녕하십니까? 저는 사회를 맡게 된 미영이라고 합니다. 오늘 바쁘신데도 불구하고 이렇게 와주셔서 대단히 감사합니다. 우선, 첫 번째 순서는 GS의 창업주이신 이회장님의 인사 말씀이 있겠습니다.

- '바쁘신데도 불구하고'를 직역해서 although you are busy라고 하면 어색하다. '바쁜 시간을 내서'라는 뜻으로 taking time out of your busy schedule이 훨씬 세련된 표현이다.
- would like to가 want to보다 정중한 표현이다.
- Thank you for ~ ~해서 고마워하다
- Thank you for your help. 도와줘서 고마워.
  Thank you for your time. 시간을 내줘서 고마워.
  Thank you for your advice. 충고 고마워.

833 와주셔서 고맙습니다.

Thank you for coming.

- 연회 중에 손님들을 만날 때 가볍게 인사하기 좋은 표현이다.

167 짧은 스피치로 빛나는 인사말 (3)

834 사회자의 진행

Next, we are going to welcome President Jae-min Chun's remarks with a warm round of applause.

이어서 천재민 총재님의 인사 말씀을 뜨거운 박수로 청해 듣겠습니다.

말씀 remarks | 연설 speech | 의견 comments

835 수상자들에게 박수로 축하해 줍시다.

Please applaud the prizewinners.

수상자 prizewinner

836 초대받은 사람의 인사

Ladies and gentlemen, I am Joon-chul Joung. I sincerely thank KS for inviting us today. I sincerely wish for KS's continual development and success in the future.

여러분 반갑습니다. 저는 정준철이라고 합니다. 이번에 KS물산 창사기념에 저희 내외를 초대해 주셔서 진심으로 감사드립니다. KS물산이 앞으로도 늘 발전해 나가길 진심으로 바랍니다.

진심으로 sincerely

168 짧은 스피치로 빛나는 인사말 (4)

837 행사장 및 만남의 자리에서

Today I have a thousand emotions crowding in on me, looking back upon the past. I've known president Kim of KS corporation for 30 years as a friend, and have watched him making improvements on his company at the right pace not fast and not too slow. So, I feel this moment is very special.

오늘 이 자리에 참석해 지난날을 회상하니 참으로 감개무량합니다. KS물산의 김 사장님과는 30년 지기 친구이기도 한 저는 창립 때부터 너무 서두르지도 않고 또 너무 뒤쳐지지도 않으면서 차근차근 오늘날까지 기업을 일궈오는 모습을 옆에서 보아 왔기에 참으로 오늘 이 자리가 뜻 깊은 자리가 아닌가 생각합니다.

- 감개무량합니다. I have a thousand emotions crowding in on me. | 회상하다 look back upon the past (과거를 뒤돌아보다)
- ~동안 알아오다 have known someone for ~ : 과거부터 시작되어 현재까지 이루어지는 행동으로 현재분사(have+p.p.)를 쓰는 것이 좋다.
- 여기서 10년 동안 살고 있어요. I have lived here for 10 years. | 밴쿠버에 온 지 1주일이에요. I have been to Vancouver for a week.

838 맺음말

In the future, I wish continued success and development for the company. And with that I end my remarks. Thank you.

앞으로도 늘 발전하는 회사가 되기를 바라면서 이만 인사를 줄일까 합니다. 감사합니다.

169 짧은 스피치로 빛나는 인사말 (5)

839 한미 대학생 만남의 자리 (한국인)

My name is JY Kim. I am currently a junior in management at Hankook University. I am very pleased to be able to meet you through this exchange program. Although we only have a short time today, I hope we have a chance to share stories.

저는 한국대학교의 경영학과 3학년에 재학 중인 김진영입니다. 이번 교환 학생 프로그램을 통해 여러분을 만나게 되어 정말 반갑습니다. 비록 오늘은 짧은 만남이지만, 서로에 대해 많은 이야기를 나눌 수 있었으면 합니다.

840 한미 대학생 만남의 자리 (미국인)

Ladies and gentlemen, my name is Tom Johnson. This is the first time for me to come to Korea. I've always read about Korea through books, but now I'm very pleased to actually come here. I will use this opportunity to make many Korean friends and learn a lot about Korean culture. Thank you.

여러분, 안녕하세요. 탐 존슨이라고 합니다. 이번에 한국에 처음 왔습니다. 늘 책으로만 보고 꼭 한번 와보고 싶었는데, 실제로 오게 되어 매우 기쁩니다. 이번 기회에 한국 친구들도 많이 사귀고 한국의 문화를 많이 배우고 싶습니다. 감사합니다.

책을 통해서 through books | 실제로 actually | 기회 chance, opportunity

170 짧은 스피치로 빛나는 인사말 (6)

841 다음 만남을 기약하며

I'm very pleased to meet all of you today. Although it's our first time to meet, I feel as if we've known each other for a long time. And although we don't have much time, I hope we can share stories and get to know each other. I have no doubts that this gathering will offer us an opportunity to understand each other further.

오늘 여러분을 만나서 정말 반가웠습니다. 우리는 처음 만났지만, 오래 전부터 알던 사이 같았기에 짧은 시간이었지만 많은 얘기를 나누고 서로에 대해 알아가게 되었습니다. 오늘 이 만남을 통해 서로 좀 더 이해할 수 있는 계기가 되었으리라 믿어 의심치 않습니다.

- 마치는 연설이라도 현재시제가 자연스럽다.
- 서로를 알아가다, 이해하다 get to know each other | 믿어 의심치 않다 have no doubts

842 모두들 건강하십시오.

I wish you all good health.

843 모두들 건강하고 행복하세요.

I wish you health and happiness.

- 말을 빨리 하게 되면 유창해 보이기보다 성급하고 산만해 보인다. 특히 원어민 앞이라면 오히려 말을 천천히, 크게 하는 것이 자신감 있는 태도이다.

171 각종 수상 소감 (I)

844 수상 소감

Thank you very much. I didn't expect to receive this award since I am not worthy. With this in mind I will dedicate myself harder in the future.

여러분 정말 감사합니다. 여러 가지로 부족한 제가 수상을 하리라고는 정말 예상도 못했습니다. 더욱 더 열심히 하라는 뜻으로 알고 앞으로 열심히 하겠습니다.

- 예상하다 expect | 부족합니다. I'm not worthy. I don't deserve this.
- ~하는 것을 예상치 못하다 didn't expect to ~
- 여기서 만날 줄은 예상치 못했어요. I didn't expect to see you here.

845 앞으로의 각오

I will make a greater effort in the future.

앞으로 더욱 노력하겠습니다.

Thank you for giving me the opportunity to serve you.

여러분들을 섬길 수 있는 기회를 주셔서 감사합니다.

846 메달 수상 소감

The victory in volleyball was more exciting because it was unexpected.

기대하지 않았던 만큼 배구에서의 우승이 더욱 값진 것입니다.

172 각종 수상 소감 (2)

847 성원을 당부하며

Please keep watching us.

계속 지켜봐 주시길 바랍니다.

Please keep cheering for us.

앞으로도 변함없는 성원 바랍니다.

848 그 밖에 많이 하는 말

I don't know what to say.

뭐라고 말해야 될지 모르겠습니다.

I'm speechless.

할 말을 잃었습니다.

You can't even imagine how much it means to me.

이것이 얼마나 저에게 많은 것을 의미하는지 상상도 못하실 겁니다.

It's a pleasure to be here tonight.

오늘 밤 여기 있게 되어 기쁩니다.

It's an honor to accept this award.

이 상을 받게 되어 영광입니다.

I accept this award on behalf of my team.

저희 팀을 대신하여 이 상을 받겠습니다.

173 때에 따라 꼭 필요한 인사말 (1)

849 개업을 축하합니다.

Congratulations on your new business!

850 내년에도 변함없는 성원(거래) 바랍니다.

I wish for your continued support next year, too.

851 모든 일이 다 잘 해결되길 바랍니다.

I hope everything works out.

- 상대방이 힘들 때 하는 위로

852 모든 일이 다 잘될 거예요.

Everything will be alright.

853 모든 행복이 당신과 함께 하길 빕니다.

I wish you happiness.

854 가정의 건강과 행복을 기원합니다.

I wish your family health and happiness.

174 때에 따라 꼭 필요한 인사말 (2)

855 새해 복 많이 받으세요.

Happy New Year!

856 새해 모든 일들을 이루시길 빕니다.

I wish you success in the New Year.

857 여러분 모두 새해 이루고자 하시는 모든 일들을 이루시길 기원합니다.

I hope you are able to accomplish everything you wish to this year.

이루다 accomplish

858 새해 행운과 행복이 깃들길 바랍니다.

All the best for the New Year!

859 성공하시길 빕니다.

I wish you success.

860 승진하신 것을 축하합니다.

Congratulations on your promotion!

175 때에 따라 꼭 필요한 인사말 (3)

861 승승장구하시길 바랍니다.

I wish you continued success.

862 앞으로 모든 꿈이 이루어지길 바랍니다.

May all your dreams come true.

꿈이 이루어지다 dreams come true

863 정상에 오르시길 바랍니다.

I hope you climb to the top.

864 더 큰 성과를 이루시길 바랍니다.

I hope you are able to enjoy the fruits of your labor.

성과 the fruit

865 큰 부자 되세요.

I hope you strike it rich.

직역하면 '돈벼락 맞길 바라요.'라는 뜻이다.

176 때에 따라 꼭 필요한 인사말 (4)

866 항상 건강하기를 바란다.

May you always be blessed with good health.

867 행운의 여신이 언제나 함께하길.

May lady luck follow you wherever you go.

행운의 여신 lady luck

868 신혼집에서의 인사

You look so good together.

두 분 정말 잘 어울리시네요.

We sincerely congratulate you on your marriage and hope your life will be filled with happiness.

두 사람의 결혼을 진심으로 축하하고 앞으로 좋은 일만 가득하기를 기원합니다.

가득한 filled with

May God's love always be with you and your family.

하나님의 사랑이 가정에 늘 함께하길 바랍니다.

May God be with you.

언제나 하나님이 함께하길.

PART 5

177 외워 두고 싶은 유명한 연설문

869 주기도문

The Lord's Prayer

Our Father in heaven: May your holy name be honored; may your Kingdom Come; may your will be done on earth as it is in heaven. Give us today the food we need. Forgive us the wrongs we have done, as we forgive the wrongs that others have done to us. Do not bring us to hard testing, but keep us safe from the Evil one: For thine is the Kingdom, and the power, and the glory, forever. Amen.

하늘에 계신 우리 아버지, 아버지의 이름을 거룩하게 하시며, 아버지의 나라가 오게 하시며, 아버지의 뜻이 하늘에서와 같이 땅에서도 이루어지게 하소서. 오늘 우리에게 일용할 양식을 주시고, 우리가 우리에게 잘못한 사람을 용서하여 준 것 같이 우리 죄를 용서하여 주시고, 우리는 시험에 들지 않게 하시고 악에서 구하소서. 나라와 권능과 영광이 영원히 아버지의 것입니다. 아멘.

178 인생을 바꾼 명언 한마디 (1)

870 노병은 죽지 않는다. 다만 사라질 뿐이다._더글라스 맥아더(미국 장군)

Old soldiers never die; They just fade away.
_Douglas MacArthur

871 두려움 때문에 갖는 존경심만큼 비열한 것은 없다.
_앨버트 까뮤(프랑스 작가)

Nothing is more despicable than respect based on fear. _Albert Camus

872 배움이 없는 자유는 언제나 위험하고 자유 없는 배움은 언제나 헛된 일이다. _존 F. 케네디(미국 대통령)

Liberty without learning is always in peril and learning without liberty is always in vain. _John F. Kenedy

873 사람들은 고용되었을 때, 최상의 만족을 느낀다.
_벤자민 프랭클린(미국 정치가/발명가)

When men are employed, they are best contented._Benjamin Franklin

874 사업의 비결은 다른 누구도 모르는 무엇인가를 아는 것이다.
_아리스토톨 오나시스(그리스 해운업자)

The secret of business is to know something that nobody else knows._Aristotle Onassis

179 인생을 바꾼 명언 한마디 (2)

875 세상은 고통으로 가득하지만 그것을 이겨내는 일로도 가득 차 있다.
_헬렌 켈러(미국 작가)

Although the world is full of suffering, it is full also of the overcoming of it._Helen Keller

876 승리하면 조금 배울 수 있고, 패배하면 모든 것을 배울 수 있다.
_크리스티 매튜슨(미국 야구 선수)

You can learn little from victory. You can learn everything from defeat._Christy Mathewson

877 아들에게 돈을 물려 주는 것은 저주를 하는 것과 같다.
_앤드류 카네기(미국 강철왕)

I would as soon leave my son a curse as the almighty dollar._Andrew Carnegie

878 인생의 어떤 것도 두려움의 대상은 아니다. 이해해야 할 대상일 뿐이다. _마리 퀴리(프랑스 물리학자)

Nothing in life is to be feared. It is only to be understood._Marie Curie

879 임금을 지불하는 것은 고용주가 아니다. 그는 단지 돈을 관리할 뿐이다. 임금을 주는 것은 제품이다. _헨리 포드(미국 기업가)

It is not the employer who pays wages -he only handles the money. It is the product that pays wages._Henry Ford

PART 6
미국생활

미국에서 살려면 이런 말들이 필요하다.
일상 생활에서 쓰는
보다 실제적인 표현들을 알아보자.

PART 6

180 집에 관한 말 (1)

---

880   거실

living room

- Couch potato : 소파(couch)에 앉아 맥주와 과자를 먹으며 멍하니 TV를 보는 사람을 말한다.

---

881   급매

urgent sale

---

882   단독주택

house

---

883   대출 금리

interest on a loan
loan interest

- A : The interest on loans is steadily increasing.
  대출 금리가 지속적으로 오르고 있군.
- B : It's getting to be a problem for my business.
  내 사업에 문제가 되고 있어.

---

884   모기지(주택마련 장기대출)

mortgage

181 집에 관한 말 (2)

885 목욕탕

bathroom

- 수도꼭지 faucet, tap │ 욕조 bath tub │ 변기 toilet │ 수돗물 tap water
- 미국 목욕탕 바닥에는 배수구가 없다. 그래서 샤워는 샤워부스나 욕조에서 하고 반드시 샤워 커튼을 쳐서 목욕탕 바닥에 물이 튀지 않게 해야 한다.

886 보일러

boiler / hot water heater

- It's chilly. Why don't you turn up the boiler?
  쌀쌀하니까 보일러 좀 틀어.
- 쌀쌀한 chilly

887 부동산 소개소

real estate agency
realtor

- 부동산 중개인 real estate agent

888 서로 잘 어울리네요.(가구배치 등)

They are a good match.

PART 6

182 집에 관한 말 (3)

889 이삿짐센터

moving company

890 이층 이상의 건물인 집

multi story house

891 주방

kitchen

892 집값

cost of housing

893 집값 폭등

soaring of house price / value
skyrocketing house value

894 집들이

housewarming party

A : Fred and Ashley are having a housewarming party on Friday. Are you going? 프레드와 애슐리가 금요일에 집들이 한대. 갈 거야?
B : You bet. 당연히 가야지.

183 집에 관한 말 (4)

895 집을 장만하다

buy a house

When I was eleven years old, my parents bought a house in the suburbs. 내가 11살 때 부모님은 교외에 집을 장만하셨다.

상환하다 pay back

896 집주인

landlord

The landlord rents the house to the tenant.
집주인은 세입자에게 집을 빌려 준다.

빌려 주다 rent, let

897 침실

bedroom

침대 bed | 옷장 closet, wardrobe | 서랍 drawers | 책장 bookshelf

The apartment comes furnished with a bed, wardrobe, chest of drawers, and large bookshelf. 이 아파트는 가구가 딸린 집으로 침대, 옷장, 서랍장, 큰 책장이 있어요.

898 커튼을 치다

draw the curtains

Let's draw the curtains and put the baby to sleep.
커튼을 치고 아기를 재우자.

184 주택 수리에 관하여 (1)

899 나무 바닥을 깔다

put in a wood floor

900 도배를 하다

put up wallpaper

미국에서는 도배는 물론 웬만한 집수리는 스스로 한다. 간단하게 만들 수 있는 DIY(Do It Yourself) 가구가 많아서 집 꾸미는 것을 주인 스스로 하는 경우가 많다.

901 목공

carpenter

We do all our house repair ourselves. We're never hired a carpenter.
목수를 안 쓰고 우리가 집을 다 고쳤어.

902 무허가 판잣집의 철거

removal of illegally built shacks

903 인테리어

interior

We had an interior decorator choose the layout of our furniture.
우리는 인테리어 디자이너에게 가구 배치를 맡겼다.

185 주택 수리에 관하여 (2)

---

904 전기 / 조명

Electricity / lighting

---

905 주택 수리

fixing the house

- Fixing the house took a lot longer than I thought it would.
  집을 수리하는 데 내가 생각했던 것보다 훨씬 오래 걸렸다.

- ~보다 오래 걸리다 take longer than ~

---

906 페인트칠하다

paint

- A : Did you do something with this room? It seems different.
  이 방에 뭐 한 거야? 좀 달라 보이는데.
- B : I painted the room white to make it bright.
  방이 좀더 밝아 보이라고 하얗게 페인트칠을 했어.

---

907 리모델링

remodeling

- A : Your house is so modern. When did you move in?
  너희 집 참 모던하다. 언제 이사온 거야?
- B : We remodeled our house after living here for twenty years.
  산 지 20년 만에 집을 리모델링했어.

186 집안에서 생기는 문제들 (1)

908 고치다

fix

909 더운 물이 안 나와.

There is no hot water.

910 문이 안 열려.

The door won't open.

911 방문이 잠겨서 못 들어갔어.

I locked myself out of the room.

912 배수구가 막혔어.

The drain is clogged up.

913 배수구에서 이상한 냄새가 나요.

I can smell something bad from the drain.

914 변기가 막혔어요.

The toilet's plugged up.

187 집안에서 생기는 문제들 (2)

915 물이 안 내려가요.

The toilet won't flush.

916 싱크대에서 물이 새는 거 같아.

I'm afraid the sink is leaking.

917 에어컨이 작동 안 돼요.

The air conditioner won't turn on.

918 전구가 깜빡거려요.

The light is flickering.

- 깜빡거리다 flicker

919 전구가 나갔어요.

The light bulb is burnt out.

- 전구 light bulb
- A : The light in the bathroom is burnt out.
  욕실 불이 안 켜져.
- B : The power is out.
  정전이에요.

188 부엌·청소

920 상을 차리다

set the table

반찬 side dishes | 꺼내다 take out | 넣다 put in

921 상을 치우다

clear the table

922 설거지하다

do the dishes / wash the dishes

- '설거지를 하다'는 wash the dishes를 쓰지만 dish는 요리라는 뜻이 있기 때문에 단지 접시를 말할 때는 plate를 쓰는 것이 좋다.
- 북미에서는 식사 후에 자기가 먹은 음식 그릇은 스스로 싱크대에 넣는 것이 기본 매너다.

923 우리 엄마는 요리를 잘해요.

My mom is a good cook.
My mom cooks well.

요리 잘하는 사람이나 요리사는 cook, 고급 음식점이나 호텔 요리사는 chef라고 한다.

924 음식 쓰레기

food garbage

189 일상 생활 - 자다 (1)

925 꿈을 꾸다

have a dream

926 새우잠을 자다

sleep curled up

927 수면 부족이다

not get enough sleep

A : You look very sleepy today.
오늘 졸려 보이는구나.
B : I know. I haven't gotten enough sleep this week because of exams.
그래. 시험 때문에 이번 주에 수면 부족이야.

928 악몽

nightmare

가위눌리다 have a nightmare

929 잠꼬대를 하다

talk in one's sleep

190 일상 생활 - 자다 (2)

930 잠을 깨다

shake off sleepiness

931 잠이 들다

fall asleep

- I was so tired that I fell asleep in front of the TV.
  너무 피곤해서 TV를 보다가 잠이 들었다.

932 잠이 안 온다.

I can't get to sleep.

933 한숨도 못 잤어.

I couldn't sleep a wink.

934 정신없이 자다

sleep like a log

935 졸다

doze off

졸음 sleepiness / drowsiness | 졸음이 오다 I feel sleepy | 하품하다 yawn

191 일상 생활 - 일어나다 (1)

936 알람시계가 울리다

alarm clock goes off

- '시계가 울리다'는 ring이 아니라 go off이다.

937 알람시계를 맞추다

set the alarm clock

- Don't forget to set the alarm for 6 AM. 알람을 아침 6시로 맞추는 거 잊지 마!
- ~하는 것 잊지 마 Don't forget to ~

938 세수를 하다

wash one's face

939 수염을 깎다 (면도)

shave

- 북미에서 여자들이 다리털을 면도하는 것(shave one's legs)은 매우 흔한 일이다.
- 수염에 관한 표현
  수염을 다듬다 to trim one's beard | 콧수염 mustache | 턱수염 beard | 구레나룻 sideburns

940 머리를 감다

wash one's hair

PART 6

192 일상 생활 - 일어나다 (2)

941 부스스한 머리

messy hair

942 뻗친 머리

sticking up/out hair

943 수도꼭지를 틀다 / 잠그다

turn on / off the faucet

- You should turn off the faucet while you're brushing your teeth.
  이 닦는 동안 수도꼭지를 잠그도록 해라.

944 양치질을 하다

brush one's teeth

- A : It's time for bed. Did you brush your teeth?
  잘 시간이야. 이 닦았니?
- B : Mom, I did it after dinner.
  엄마, 저녁 먹고 닦았어요.
- A : You have to brush your teeth before you go to bed.
  자기 전에 반드시 이를 닦아야 해.

945 샤워를 하다

take a shower

193 일상 생활 – 일어나다 (3)

946 얼굴에 크림을 바르다

put cream on one's face / apply lotion

- 바르다 put, apply

947 향수를 뿌리다

put on perfume

- 여자 향수 perfume | 남자 향수 cologne

948 화장을 하다

put on makeup

949 화장을 진하게 하다

put on heavy makeup / put on a lot of makeup

950 화장을 연하게 하다

put on a little makeup

951 화장을 고치다

fix one's makeup

194 일상 생활 - 입다

952 넥타이를 매다

put on a (neck)tie

A : Honey, which tie should I wear? 여보, 무슨 넥타이를 맬까?
B : Put on this necktie. It looks good with that suit.
이 넥타이를 매봐요. 그 옷과 잘 어울려요.

953 멋을 부리다

spruce up / brush up

A : What's the occasion? You look amazing!
오늘 무슨 일이야? 아주 멋진데!
B : I brushed up for tonight's party. 저녁에 파티라서 멋 좀 부렸어.

954 스카프를 두르다

put on a scarf

A : I'm glad I put on a scarf. It's cold!
스카프를 둘러서 다행이야. 춥다!
B : Yeah. It's supposed to get even colder tomorrow.
맞아. 내일은 더 추워질 거래.

955 스타킹에 구멍이 나다

have a hole in one's pantyhose
have a run in one's stockings.

195 일상 생활 - 먹다

956 계란 프라이에 토스트

fried eggs with toast

노른자를 터트리지 않고 흰자만 익힌 것 sunny-side up | 스크램블에그 scrambled egg | 완숙 계란 a hard boiled egg | 반숙 계란 soft boiled egg | 계란 프라이 fried egg

957 국에 밥을 말다

put rice in the soup

958 아침을 거르다

miss / skip breakfast

A : Are you alright? You look tired.
괜찮아? 피곤해 보여.
B : I have an empty stomach since I skipped breakfast.
아침을 걸러 지금까지 빈속이에요.

빈속 empty stomach

959 도시락을 싸가다

bring a lunch box

A : What should we eat for lunch?
점심에 뭐 먹을까?
B : I brought a lunch box.
난 도시락을 싸왔는데.

196 아이들에게 하는 말 (1)

960 어서 일어나야지. / 일어나세요.

Wake up.

961 늦겠다.

You'll be late.

962 양치질하고 세수해.

Brush your teeth and wash your face.

963 밥 먹자.

Time to eat. / Time for (dinner).

- Chew your food. 꼭꼭 씹어야지.

964 음식 갖고 장난하지 마라.

Don't play with your food.

965 먹으면서 얘기하지 마라.

Don't talk when your mouth is full.
Don't talk while eating.

197 아이들에게 하는 말 (2)

966 옷 갈아입어. 가만 좀 있어 봐.

Change your clothes. Stay still.

967 학교 끝나면 얼른 와라.

Come home right after school.

968 낯선 사람들이랑 얘기하지 마라.

Don't talk to strangers.

969 차조심해라.

Watch out for cars.

970 이제 오니?

Did you just come home?

971 일찍 왔구나.

You're home early.

972 늦었구나.

You're late.

PART 6

198 아이들에게 하는 말 (3)

973 오늘 어땠니? 재미있었니?

How was your day? Did you have a good day?

974 오늘은 학교에서 뭐 배웠어?

What did you learn in school today?

975 손 씻고 와라.

Wash your hands.

976 밥 먹어야지.

It's time to eat.

977 자, 먹자.

Let's eat.

978 이거 한번 먹어봐. 맛있을 거야.

Try it. You'll like it.

979 숙제 다 했니?

Did you finish your homework?

199 자녀를 칭찬하거나 혼낼 때(1)

980 괜찮니?

Are you OK?

981 그 녀석은 애물단지야.

He's a handful.

982 내일 제니한테 사과해.

You have to apologize to Jenny.

983 너 스스로 해야지.

You have to do it by yourself.

984 넌 이제부터 외출 금지야.

You're grounded.

985 네가 정말 자랑스럽구나!

I'm so proud of you!

986 네가 한 일에 책임을 져야지.

You have to be responsible for your actions.

PART 6

200 자녀를 칭찬하거나 혼낼 때 (2)

987 누가 그랬어?

Who did it?

988 제가 안 그랬어요.

(It) wasn't me.
I didn't do it.

989 누가 그런 말했니?

Who said that?

990 미안하다고 해야지.

You have to say sorry.

991 얼마나 착한지!

What a good (boy / girl)!

992 엄마가 방 정리하라고 아까 말했지!

Mom just told you to clean your room.

~하라고 얘기하다 tell someone to ~

201 자녀를 칭찬하거나 혼낼 때 (3)

993 역시 내 아들 / 딸이야!

That's my boy / girl!

994 얘가 오늘 말을 정말 안 듣네!

You are not listening to me today!

995 왜 울어?

Why are you crying?

996 왜 그래? / 뭐 잘못됐어?

What's wrong?

997 잘했어!

Good for you! / Good job!

998 너라면 할 수 있어.

You'll be fine.

> '너라면 할 수 있어'를 직역하면 You can do it!이다. 이것은 군대나 스포츠에서 쓰는 느낌을 주고 You will be fine / OK.가 더 자연스러운 표현이다.

PART 6

202 아이랑 차를 탔을 때 (1)

999 자, 타라.

Get in the car.

1000 안전벨트 매라.

Put on your seatbelt.

> 안전벨트 seatbelt

1001 위험하니까 앉아 있어.

It's dangerous. Sit down.

1002 네 자리 뒤로 밀어 줄게.

Let me move your seat back.

> 자리를 뒤로 밀다 push/move seat back
> 자리를 앞으로 당기다 push/move seat forward

1003 그것 만지면 안 돼.

Don't touch that.

1004 보는 건 괜찮은데, 절대로 만지지는 마.

You can look, but don't touch.

203 아이랑 차를 탔을 때 (2)

1004 지금 운전하니까 좀 있다가 줄게.

I'm driving, so I'll give it to you later.

1005 주유소에서 기름 좀 넣고 가자.

We have to get some gas.

> (차에 넣는) 기름 gas | 주유소 gas station | 오일(oil)은 주로 요리할 때 넣는 기름을 말하고, 신문에 나오는 oil price는 차에 넣는 기름을 말한다.

1006 가득 채워 주세요.

Please fill it up.

> 북미의 주유소는 대부분 셀프 서비스라서 운전자가 스스로 주유해야 한다. 직원이 넣어 주는 경우에는 팁을 따로 주어야 한다.

1007 조금만 더 가면 돼.

It's a little bit farther.

1008 자 다 왔다.

Here we are.

> A : Mom. I feel like throwing up. 엄마, 나 토할 것 같아요.
> B : We've almost there. Can you hold it a little bit?
> 거의 다 왔는데. 잠깐만 참을 수 있겠니?

> 참다 hold

PART 6

204 아이랑 차를 탔을 때 (3)

1009 내려라.

Get out the car.

1010 엄마랑 같이 가야지.

We have to go together.
You're coming with Mom, right?

1011 이리 와.

Come here.
Come over here.

1012 잠시만 기다려라.

Wait for mom for a second.

205 매일 하는 주부의 집안일 (1)

1013 공과금을 내다

pay the bills / taxes

- 전기세 electric bill | 전화 요금 phone bill | 수도 요금 water bill
- It's inconvenient that we can't pay our bills at the bank window these days.
  요즘은 공과금을 은행 창구에서 낼 수 없어 불편하다.

1014 관리비

utility bill

- Our utility bill is so high this month. 이번 달 관리비가 너무 많이 나왔다.

1015 다림질하다

iron

- Are you sure you ironed this shirt? It's full of wrinkles.
  당신 이 셔츠 다림질한 거 맞아? 주름투성인데.

1016 방을 정리하다

arrange the room

1017 방을 청소하다

clean the room

PART 6

206 매일 하는 주부의 집안일 (2)

1018   세탁소에 옷을 맡기다

drop off clothes at the laundromat

1019   식사 준비하다

prepare(a meal) / fix(a meal)

- A : Before you prepare a meal, be sure to wash your hands.
  식사 준비하기 전에 반드시 손을 씻어라.
- B : I know. I already washed my hands. 알았어요. 벌써 씻었어요.

1020   아이와 놀아주다

play with the kids

1021   아이를 목욕시키다

bathe the children / give the children a bath

1022   ~를 재우다

put ~ to sleep

- A : Honey, I'm home. 여보, 나 왔어.
- B : Great. Can you please give your son a bath? He doesn't listen to me. 잘됐네요. 여보, 아들 목욕 좀 시켜줄래요? 내 말을 안 들어요.
- A : Sure. I'll do it and I will put him to sleep. 알았어. 내가 목욕시키고 재울게.
- B : Thank you so much. 정말 고마워요.

207 매일 하는 주부의 집안일 (3)

1023 옆집에 들러 수다를 떨다

stop by the neighbors to chat

1024 장을 보다

do the grocery shopping

1025 집안일

housework

- A : I'm getting so tired of this. There is no end to housework.
  정말 피곤해. 집안일은 끝이 없어.
- B : I hear you. Let me give you a hand.
  나도 알아. 내가 도와줄게.

1026 청소기를 돌리다

vacuum

Vacuuming at night bothers the neighbors.
밤늦게 청소기를 돌리는 것은 옆집에 폐를 끼치는 일이다.

1027 침대를 정리하다

make the bed

관용어적인 표현이다.

PART 6

208 그 밖에 가정에서 사용하는 말

1028 내일 가족회의를 하자.

Let's have a family meeting.

1029 나가는 길에 빵 좀 사올래?

While you are out, could you get me some bread?

나가는 길에 while you are out

1030 여보, 신문 다 봤어요?

Honey, are you through with the newspaper?

끝내다 be through with

1031 외식하러 나가는 게 어때요?

Why don't we dine out?

외식하다 dine out, eat out

CultureNote

북미에서는 이사를 가거나 필요없는 물건을 싼 값에 내놓을 때는 차고 세일(garage sale), 마당 세일(yard sale)을 한다. 또, 서구의 아이들은 집안일을 돕는 것이 일반적이다. 주로 설거지나 쓰레기 버리기, 목욕탕 청소하기 등이다. 15세 이후에는 아르바이트를 하여 용돈으로 쓰거나 대학교 등록금에 보태기도 한다.

209 부부 싸움 (1)

1032 가정 폭력

domestic violence

> He was arrested for domestic violence. 그는 가정 폭력으로 체포되었다.

1033 결손 가정

broken family

> 편부·편모 가정 single parent family | 편모 single mom | 편부 single dad

1034 결혼 생활을 끝내다

finish one's married life

1035 나한테 그런 식으로 말하지 말아요.

Don't talk to me like that.

1036 내가 수천 번 말했잖아요.

I told you a thousand times.

1037 내 말을 들은 적이 없잖아요.

You never listen to me.

210 부부 싸움 (2)

1038 당신과는 끝이야.

I'm through with you.

1039 당신은 집에서 손가락도 까딱 안 하잖아요.

You don't even lift a finger at home.

올리다, (손가락)을 들다 lift

1040 당신이라면 지긋지긋해.

I'm sick and tired of you.

지긋지긋한 sick and tired of

1041 바가지를 긁다

nag

A : I told you to put your dirty socks in the laundry basket.
내가 더러운 양말은 빨래통에 넣으라고 했잖아요.
B : Alright, calm down. Stop nagging. 알았어, 진정해. 바가지 좀 그만 긁어.

1042 별거

separation

다시 합치다 get back

211 부부 싸움 (3)

1043 부부 상담

marriage counseling

They eventually had to see a marriage counselor because of George's obsessive behavior.
그들은 마침내 죠오지의 집착증 때문에 부부 상담을 받아야 했다.

집착증 obsessive behavior

1044 부부 싸움

quarrel between husband and wife / argument

1045 양육권

custody

Both parents sought custody of their two children.
양쪽 부모 모두 두 자녀의 양육권을 갖고자 한다.

공동 양육권 joint custody | 추구하다 seek(sought는 seek의 과거 및 과거분사형)

1046 양육비를 내지 않는 아빠

dead beat dad

1047 우리는 공통점이 없어요.

We have nothing in common.

공통점 something in common

212 부부 싸움 (나)

1048 우리는 너무 달라요.

We are too different.

1049 위자료

consolation money / compensation

1050 위자료를 청구하다

request compensation

1051 이혼하다

divorce / get a divorce

They got a divorce after being married for only one year.
그들은 결혼한 지 겨우 1년 만에 이혼했다.

1052 자녀 양육비

child support

1053 재산 분할

divide up an estate

213 교육기관 (1)

1054 유치원

kindergarten
preschool

- These days, a lot of children can read from kindergarten.
  요즈음은 많은 어린이들이 유치원 때부터 글을 읽을 수 있다.
- 유치원 가기 전의 아이들을 돌봐주는 어린이집은 day care라고 한다.

1055 초등학교

elementary school

- 사립 초등학교 private elementary school |
  공립 초등학교 public elementary school | 카톨릭 학교 catholic school

1056 중학교

middle school / junior high school

- 북미에서는 초등학교부터 고등학교까지 1학년(first grade)부터 12학년(12th grade)으로 나눈다.

1057 고등학교

high school / senior high school

1058 공립 학교

public school

214 교육기관 (2)

1059 사립 학교

private school

My family couldn't afford to send me to a private school.
우리 가족은 나를 사립 학교에 보낼 여유가 없었다.

~할 (금전적인) 여유가 있다 afford to ~

1060 전문대학

junior college / community college

4년제보다 들어가기가 쉽고 등록금도 싸다.

1061 대학교

college / university

university는 '종합대학'을 가리키는 것이고, college는 '단과대학'을 가리키는 것이다. university가 college보다 좋은 것은 아니며, 단지 규모의 차이일 뿐이다.

1062 주립대학교

state university

A : Why are you going to the in-state university?
왜 주립대에 가려고 해?
B : The tuition at state universities in our state is cheaper for residents.
주립대학교는 주민들에게 학비가 저렴하잖아.

215 학교 생활에 관한 말 (1)

1063 결석하다

be absent / miss class

A : Can I copy your notes from class that week? I missed class because I was sick.
지난 주 수업 노트 좀 복사해도 돼? 나 아파서 결석했거든.
B : Sure. Here you are. 응 여기 있어.

1064 과목

classes

필수 과목 requirement | 선택 과목 elective | 전공 major | 부전공 minor

1065 과외 교사

tutor

A : Students who are having problems with their classes are expected to visit the tutoring center.
수업을 못 따라가는 학생들은 튜터링 센터(보충 수업 센터)에 방문해야 해.
B : Where is the tutoring center?
어디에 있어요?
A : It's on the fourth floor of the library.
도서관 4층에 있어.

1066 과외 지도

private lesson / tutoring

216 학교 생활에 관한 말 (2)

1067 교원

an instructor / school faculty

교원을 충원하다 add school faculty | 교장 principal | 부교장(교감) vice principal

1068 교칙

school regulation

A : Jim, come here. I'm sending you to the principal's office.
짐, 이리 와라. 넌 교장실로 가야겠다.
B : Why? 뭐 때문이죠?
A : You violated the school's no smoking regulation.
너는 담배를 피워서는 안 된다는 교칙을 위반했다.
B : Ms. Dali, please give me one more chance. I won't do it again.
달리 선생님, 한번만 봐주세요. 다시는 안 그럴게요.

위반하다 violate

미국에서 직접적인 체벌은 없지만 자주 문제를 일으키는 학생은 교장실로 불려가서 면담을 하게 되고 부모가 직접 와야 한다.

1069 규율

regulation

1070 기부

donation

기부하다 donate

217 학교 생활에 관한 말 (3)

1071 기숙사

dormitory / dorm

- A : How's your daughter? She just started college, right?
  자네 딸은 어때? 막 대학 생활 시작했지?
- B : Well actually, this is her second year. My daughter lived in the dorm for her first year at college. She liked it a lot.
  사실, 올해 2학년이야. 우리 딸은 대학교 1학년 때는 기숙사에서 지냈는데, 아주 좋아했어.

미국에서 대학교 1학년은 대부분 기숙사 생활을 해야 한다.

1072 남녀 공학

coed school

1073 담임 선생님

homeroom teacher

1074 당번

be on duty

한국처럼 당번을 하기 위해 학교에 일찍 가는 경우는 없다.

1075 도서관

library

218 학교 생활에 관한 안 (4)

1076 따돌림 당하다

be an outcast / be bullied

- 왕따 outcast
- 같은 교실에서 친구들을 괴롭히는 아이와 행동을 모두 bully라고 한다.

1077 애들이 저를 귀찮게 해요.

They are bothering me.

1078 애들이 저를 놀려요

They are teasing me.

1079 애들이 저를 괴롭혀요

They are picking on me.

1080 애들이 저를 놀려요.

They are mocking me.
They're making fun of me.

1081 애들이 저를 바보 취급해요.

They are making a fool out of me.

219 학교 생활에 관한 말 (5)

1082 모범생

model student

1083 무단 결석

unexcused absence

1084 문제아

bully / troublemaker / problem child

1085 반장

class president

- A : Why is Stacey so happy today?
  오늘 스테이시가 왜 저렇게 기분이 좋지?
  B : She was elected class president. 반장으로 뽑혔거든.
  A : Really? Good for her. 정말? 잘 됐네.

- 뽑히다 be elected
- 미국의 초등학교에서는 반장이 차렷이나 경례를 하지 않고, 수업이 끝나고 학생들이 선생님께 '고맙습니다.'라고도 하지 않는다.

1086 방과 후

after school

220 학교 생활에 관한 말 (6)

1087 불합격하다

fail / be rejected

A : What did Brian do after high school?
  브라이언은 고등학교 졸업하고 뭐했어?
B : He failed to enter an Ivy League university. So he decided to attend a state university instead.
  걔는 아이비리그 대학에 떨어졌어. 그래서 대신에 주립대학에 가기로 결정했대.

1088 사귀다 / 교제하다

make friends / socialize

1089 서클 / 동아리

student club

미국에서는 학생 서클이 매우 활성화되어 있다.

1090 수업을 듣다

take a class

A : How many classes are you taking?
  수업 몇 개 듣니?
B : I'm taking 5 classes.
  5개 듣고 있어.

수업을 빼먹다 skip class | 수학능력시험(미국) SAT(Scholastic Aptitude Test) | 수학 여행 field trip

221 학교 생활에 관한 말 (1)

1091 신입생

freshman

- 미국 대학에서는 1학년 freshman, 2학년 sophomore, 3학년 junior, 4학년 senior이고 영국에서는 in first year, in second year, in third year, in fourth year라고 한다.
- 선배 senior, 후배 junior라는 말이 있지만 대학교 내에서 별로 쓰이지 않는다. 친구의 개념이 더 강하다. Membership training 일명 MT도 한국에서 만들어진 한국 영어이다.

1092 야단맞다

be scolded

1093 어울리다

hang out

A : What did you do after school?
어제 방과 후에 뭐했니?

B : I hung out with my friends downtown.
시내에서 친구들이랑 놀았어요.

1094 여자 친구

girlfriend

- lover는 애인이라는 뜻보다는 '내연 관계인 사람'이라는 뜻으로 더 자주 쓰인다. '남자 친구'는 boyfriend.

222 학교 생활에 관한 말 (8)

1095 이르다 / 고자질하다

tell on

I'm going to tell Mom on you if you don't give back my book.
내 책을 돌려주지 않으면 엄마한테 이를 거야.

1096 재수강하다

retake

A : I got a B in English. What about you? 나 영어 B 맞았어. 넌?
B : Don't ask. I have to retake this course. 묻지도 마. 이거 재수강 해야 돼.

1097 전학하다

move to a different school

1098 점수를 얻다

get grades

A : Jake got straight A's last semester.
제이크는 지난 학기에 모두 A를 받았어.
B : Wow. Good for him. 우와, 대단한데.

1099 졸업 파티

senior prom

223 학교 생활에 관한 말 (9)

1100 중퇴하다

Quit / drop out

- A : Whatever happened to Terry. I haven't seen him on campus?
  도대체 테리 어떻게 된 거야? 캠퍼스에서 본 적이 없어.
- B : He dropped out. 중퇴했어.

1101 지도교수

professor in charge

1102 집중하다

concentrate on / focus

1103 짝사랑하다

have a crush on

- One side love는 쓰이지 않는 콩글리시다. 첫사랑 puppy love / first love
- A : When I was 14, I had a crush on you. 내가 14살일 때 널 짝사랑했었어.
- B : Really? I had no idea. 정말? 전혀 몰랐네.

1104 청소년기

adolescence

- 청소년 teenager

224 학교 생활에 관한 말 (10)

1105 출석부

attendance sheet

1106 칠판

blackboard

화이트보드 whiteboard

1107 퇴학당하다

be kicked out

A : Did you hear about Doug? 더그에 관해 들은 거 있어?
B : No. What happened? 아니, 뭔데?
A : He was kicked out of school for doing drugs.
마약을 해서 학교에서 퇴학당했대.
B : Doug? I didn't think he was the type.
더그가? 그럴 스타일이 아닌 것 같았는데.

1108 특별 활동

extra curricular activities / after school clubs

1109 편입하다

transfer

225 학교 생활에 관한 말 (11)

1110 학교 식당

cafeteria

- A : Wow, this is pretty good for cafeteria food.
  우와! 학교 식당 치고 음식이 아주 좋네.
- B : This is the best cafeteria on campus. 학교에서 제일 좋은 식당이야.

1111 학급 친구

classmate

- mate는 친구를 뜻한다. 한 방을 같이 쓰는 사람은 roommate 또는 housemate라 하고, cellmate는 감옥 동기이다.

1112 학년

grade

- What grade are you in? 몇 학년이니?

1113 학부모

parent

- 학부모회 PTA(Parents Teacher Association) | 동창회 alumni association | 동창회(모임) reunion
- The University of Algonquin invites you to attend the class of 1997's ten year reunion. 앨곤킨 대학교는 여러분을 1997년 10주년 동창회에 초대합니다. | 동창 alumni

PART 6

226 학교 생활에 관한 말 (12)

1114 학점

credit

- A : How many credits do I have to earn to graduate?
  졸업하려면 몇 학점을 이수해야 하나요?
- B : You need 125 to graduate.
  졸업하려면 125학점이 필요해요.

1115 학생연합회

Students' association

1116 학생회

student union

1117 합격하다

enter / get in / pass

- A : I heard Laura applied to Stanford. What happened?
  로라가 스탠포드 지원했다고 들었는데, 어떻게 됐어?
- B : She got in.
  합격했어.

PART 7
사람에 관련된 표현

외모나 성격에 대해 영어로 설명할 수 있나요?
우선 나 자신은 어떤 사람인지 생각해 봅시다.

227 사람의 성격 - 긍정적인 이미지 (I)

1118 개방적이다

be open-minded

A : People were more open-minded in the 1960's than they are now.
사람들은 지금보다 1960년대에 더 개방적이었어.

B : Really? Do you think people have gotten more conservative?
정말이요? 사람들이 더 보수적이 되어 가고 있다는 말씀이세요?

1119 겸손하다

be modest

Don't be so modest. 그렇게 겸손해하지 않아도 돼.

modest는 '소박한, 평범한'이란 뜻으로도 쓰인다. 나는 아담한 방 두 칸짜리 아파트에서 살아. I live in a modest two room apartment.

1120 교양 있다

be sophisticated

A : She looks very sophisticated.
그 사람 참 교양 있어 보인다.

B : I heard she graduated from an Ivy League university.
아이비리그 출신이라던데.

1121 긍정적이다

be positive / be optimistic

228 사람의 성격 - 긍정적인 이미지 (2)

1122 너그럽다 / 손이 크다 / 후하다

be generous

1123 느긋하다

be laid-back

A : Was your brother angry? 네 형 화났었니?
B : No, my brother wasn't angry when I couldn't pay him back right away. He's laid-back about money.
아니, 형은 내가 돈을 곧바로 갚지 않았을 때도 화내지 않았어. 언제나 돈에 대해 느긋하거든.

1124 다부지다

be hardy

주로 육체적으로 단단하고 건강하다는 뜻이다.

A good diet and a lot of exercise made him strong and hardy.
좋은 식습관과 운동이 그를 강하고 다부지게 만들었다.

1125 대범하다

be bold

1126 매력적이다

be charming / be attractive

229 사람의 성격 - 긍정적인 이미지 (3)

1127 매우 영특하다

be brilliant

- brilliant는 smart보다 더 똑똑하고 많은 사람들 중에 선택된 몇 명의 사람들이라는 뜻을 가지고 있다.
- Only the most brilliant scientist can win a Nobel Prize.
  오직 대단한 과학자들만이 노벨상을 탈 수 있다.

1128 믿음직스럽다

be trustworthy

1129 반듯하다

be clean cut

- A : What should I wear for my first interview?
  첫 인터뷰에 무슨 옷을 입지?
- B : For your first interview, you should dress conservatively and have a clean cut appearance.
  처음 인터뷰에서는 옷을 튀지 않게 입고 반듯한 모습을 갖춰야 해.
- 보수적으로, 튀지 않게 conservatively

1130 발랄하다

be perky

230 사람의 성격 - 긍정적인 이미지 (4)

1131 부지런하다

be diligent
be hardworking

A : What would you say is the key to your success?
성공의 비결이 뭐라고 할 수 있죠?
B : Number one is being diligent. 부지런한 것이 가장 중요하죠.

1132 성실하다 / 착실하다

be sincere

A : My boyfriend is very sincere. He would never lie to me.
내 남자 친구는 정말 착실해. 나한테 절대 거짓말 안 해.
B : I envy you. 부럽다.

1133 솔직하다

be honest

1134 신중하다 / 진지하다

be serious

A : Tell me about your fiance.
약혼자에 대해 얘기 좀 해봐요.
B : He's not brilliant but very gentle and sincere. And he's serious about everything.
똑똑하지는 않지만 아주 자상하고 성실해요. 그리고 매사에 진지해요.

PART 7

231 사람의 성격 - 긍정적인 이미지 (5)

1135 애교 있다

be coy

- The girl is very coy. 그 소녀는 매우 애교 있다.
- 북미에서 '애교 있다'는 말은 주로 어린아이한테 쓰는 말이다. 특히 성인 여자가 coy 하다는 말은 거의 쓰지 않는다.

1136 야심이 있다 / 당차다

be ambitious

1137 열정적이다

be enthusiastic
be passionate

- A : What do you think of your history professor?
  역사 교수님 어떠시니?
- B : The professor's passionate lectures on history made her popular with students.
  열정적인 역사 강의로 학생들 사이에서 인기가 높아.

1138 영리하다 / 똑똑하다 / 머리가 좋다

be smart / be intelligent

- She has got a good head on her shoulders.
  그녀는 매우 머리가 좋다. (관용적인 표현)

232 사람의 성격 - 긍정적인 이미지 (6)

1139 온순하다 / 자상하다

be gentle

1140 외향적이다

be outgoing

The best salespeople are calm and outgoing.
최고의 새일즈맨은 침착하고 외향적이어야 한다.

1141 우아하다

be elegant

1142 착하다 / 친절하다

be kind / be nice

A : People from Texas are famous for being kind.
텍사스 사람들이 친절하기로 유명하잖아.

B : That's right. We call it 'southern hospitality'.
맞아. 그걸 '남쪽 사람의 호의'라고 불러.

1143 창의적이다

be creative

PART 7

233 사람의 성격 – 부정적인 이미지 (I)

1144 감정의 기복이 심하다

be moody

A : She's really moody. I never know how she's going to feel.
그녀는 감정의 기복이 너무 심해서 기분이 어떻게 변할지 전혀 모르겠어.
B : Who? 누구?
A : My roommate. 내 룸메이트 말이야.

1145 까다롭다

be picky

A : How's your boss? 네 상사는 어때?
B : My boss is too picky. He's never satisfied.
너무 까다로워서 만족할 줄 몰라.

1146 거만하다 / 무시하다

be snobbish

1147 건방지다

be arrogant / be stuck up

A : He has to be careful. If he's this arrogant to his boss, he might get fired.
그는 조심해야 할 거야. 상사한테 그렇게 건방지게 굴다가는 해고될걸.
B : You can say that again. 네 말이 맞아.

234 사람의 성격 - 부정적인 이미지 (2)

1148   겁이 많다 / 무서워하다

be afraid of
be scared

- I'm scared of snakes. 난 뱀이 무서워.
- 겁쟁이 coward

1149   경박하다

be slutty

1150   게으르다

be lazy

- Don't be so lazy. Do some work!
  게으름 피우지 말고 일 좀 해라.

1151   고리타분하다 / 케케묵다

be out of date
be out of touch

- Old people are out of touch with the younger generation.
  노인들은 신세대에 비해 고리타분하다.
- 세대 generation | 세대 차이 generation gap

235 사람의 성격 – 부정적인 이미지 (3)

1152 고집이 세다

be stubborn

Why are you so stubborn? Can't you be a little bit flexible?
넌 왜 그렇게 고집이 세니? 좀 융통성이 있으면 안 돼?

1153 교활하다

be tricky

He is so tricky that nobody trusts him.
그는 너무 교활해서 아무도 그를 믿지 않는다.

믿다 trust

1154 내성적이다

be introverted

A : You look like your brother. 형과 닮았구나.
B : Yes. But unlike my brother, I'm introverted.
네. 그런데 형과 다르게 전 내성적이에요.

alike(~처럼)는 동사 뒤에, like / unlike(~처럼 / ~와 다르게)는 명사 앞에 쓰인다.

1155 느끼하다

be greasy

236 사람의 성격 - 부정적인 이미지 (4)

1156 당황하다

be embarrassed

1157 덜렁대다

be clumsy

1158 멋대로 판단하다

be judgmental

- Don't be so judgmental! 네 멋대로 판단하지 마!

1159 무례하다

be rude

- Those kids are so rude! They should learn some manners.
  그 아이들은 너무 무례해요! 예절을 좀 배워야겠어요.

1160 무시하다

neglect

- Parents should not neglect their children.
  부모는 자녀를 무시하면 안된다.

237 사람의 성격 - 부정적인 이미지 (5)

1161 무식하다

be uneducated / be inarticulate

- educated(교육받은)의 반대말로 un을 붙였다. articulate(말을 정확히 하다)의 반대말로 in을 붙였다.
- He's inarticulate. 그는 말하는 게 무식하다.

1162 무신경하다

be insensitive

- How insensitive! 그렇게 무신경할 수가!

1163 바람맞히다

stand someone up
blow someone off

1164 바람피우다

cheat on someone / have an affair

- He suspected that his wife was having an affair.
  그는 아내가 바람피운다고 의심했다.
- 의심하다 suspect

238 사람의 성격 - 부정적인 이미지 (6)

1165 변덕스럽다

be fickle

- She's so fickle. She's always changing her mind.
  그녀는 정말 변덕스러워서 언제나 맘을 바꾸곤 해.

1166 별나다 / 괴상하다 / 유별나다

be weird

- A : How was your date? 어제 데이트 어땠어?
  B : Don't even talk about it. The man I met yesterday was so weird! 말도 하지 마. 어제 만났던 그 남자는 정말 유별났어.

1167 부정적이다

be negative

- A : Why don't people like her? 왜 사람들은 그애를 싫어하지?
  B : Because she's always so negative. 언제나 너무 부정적이거든.

1168 성격이 급하다

have a hot temper

1169 수다스럽다

have a big mouth / be a chatterbox

239 사람의 성격 - 부정적인 이미지 (1)

1170 수줍어하다 / 소심하다

be shy

1171 순진하다 / 잘 속아 넘어가다

be naive

- Since she is so naive, everybody takes advantage of her.
  그녀는 너무 순진해서 누구나 그녀를 이용한다.
- 한국말로 '순진하다'는 좋은 뜻으로 쓰일 수 있지만, naive는 부정적인 의미로만 쓰인다.

1172 심술궂다 / 괴롭히다

be mean

- A : How could you be so mean to your own brother?
  어떻게 네 형제에게 그렇게 심술궂을 수가 있어?
  B : Did I do that? 내가 그랬어?

1173 아첨을 떨다

brownnose / kiss up

1174 얕보다 / 깔보다

look down on

240 사람의 성격 - 부정적인 이미지 (8)

1175 이기적이다

be selfish

- Don't be so selfish. Think of your family.
  이기적으로 굴지 말고, 네 가족을 생각해.

1176 이상하다

be strange

- How strange! 정말 이상하군!

1177 (돈에) 인색하다

be stingy

- He's so stingy. He hasn't bought a pair of new shoes for 20 years.
  그는 너무 구두쇠라서 20년 동안 새 신발을 산 적이 없어.

- stingy(인색한), cheap(싼)은 주로 부정적 뜻으로 쓰이지만, frugal(검소한)은 긍정적인 뜻으로 쓰인다.

1178 잔인하다

be cruel

- A : Killing animals for sport is cruel.
  스포츠로 동물들을 죽이는 것은 잔인해.
- B : I totally agree. I could never kill an animal.
  전적으로 동의해. 난 절대 동물을 죽일 수 없을 거야.

241 사람의 성격 - 부정적인 이미지 (9)

1179 저속하다

be tacky

A : Your clothes are so tacky. Get a life.
옷이 어쩜 그렇게 볼품없니? 정신 좀 차려라!
B : Mind your own business. 너나 잘해.

1180 징징거리다

be whiny

A : You're too whiny. Please stop it! 넌 너무 징징거려. 제발 그만 좀 해.
B : I can't help it. 나도 어쩔 수가 없어.

1181 (성격이) 차갑다

be cold

1182 풀이 죽어 있다

feel down
feel small

1183 허영이 심하다

be fake

242 사람의 감정을 나타내는 말 (1)

1184 마음에 안 들다

not like ~

- A : My teacher said he didn't like my attitude.
  선생님은 내 태도가 맘에 안 든다고 말씀하셨어.
- B : What did you say?
  그래서 뭐라고 했니?
- A : I said his class was boring.
  선생님 수업이 지루하다고 말했지.

태도 attitude

1185 만족스럽다

be happy about / be satisfied with

Customer satisfaction is our number one priority.
고객 만족이 우리의 최우선입니다.

만족 satisfaction

1186 신나다

be excited

1187 실망스럽다

be disappointed

PART 7

243 사람의 감정을 나타내는 말 (2)

1188 심심하다

be bored

A : After a few days in the country, I get very bored.
  시골에서 며칠만 보내면 난 너무 심심해.
B : I know what you mean. I'm a city person as well.
  무슨 말인지 알아. 나도 도시 사람이야.

감정은 느끼는 것이므로 -ed를 쓴다. -ing는 감정을 느끼게 만드는 것이다.

1189 슬프다

be sad

A : I feel really sad when I think about the sick children.
  아픈 아이들을 생각하면 정말 슬프다.
B : Me too. We should do something.
  나도 그래. 우리가 뭔가 해야 돼.

1190 어처구니가 없다.

I don't know what to say.
I'm speechless.

1191 익숙하다 / 친숙하다

be familiar with
be accustomed with

244 사람의 감정을 나타내는 말 (3)

1192 좌절하다

be desperate

- 좌절 despair
- A : I'm desperate. I'll do anything to get a job.
  정말 절망적이야. 직업을 얻기 위해서라면 무엇이라도 할 거야.
- B : Relax. You'll find a job sooner or later.
  진정해. 언젠가 직업을 찾게 될 거야.

1193 짜증나다

be annoyed / be irritated

- A : Stop biting your fingernails. I'm getting really annoyed.
  손톱 좀 그만 물어뜯어라. 정말 짜증난다.
- B : Did I do it again? Sorry. 내가 또 그랬어? 미안.

1194 초조해 하다

be nervous

- A : Will you just sit down for a minute and stop talking? You're making me nervous.
  잠시만이라도 앉아서 말하지 말고 가만히 있을래? 너 때문에 불안해져.
- B : Sorry. I'm so worried about the test. 미안. 시험 때문에 너무 걱정이 돼.

1195 충격을 받다

be shocked

PART 7

245 연애 중에 (I)

1196 꼬시다

hook up with

A : I'll go to a bar to hook up with a cute chick.
바에 가서 귀여운 여자애를 꼬셔야지.
B : Good luck! 잘해 봐.

chick은 여자를 가리키는 속어.

flirt는 한국어로 '장난으로 사귀다, 희롱하다' 등 나쁜 뜻으로 쓰이는 경우가 많다. 그러나 언제나 나쁜 뜻은 아니다. 이성의 환심을 살 만하게 얘기하는 경우에도 쓸 수 있다.

1197 다시 만나다

get back together

They got back together three months after they broke up.
그들은 헤어진 지 석 달 후에 다시 연인 사이가 되었다.

1198 데이트하다

have a date with / go out

1199 맞선

arranged date

연애에 관한 말
눈에 콩깍지가 씌다 Love is blind. | 독신 남자 single man, bachelor | 독신 여자 single woman, bachelorette | 삼각관계 love triangle | 바람둥이 player | 연애편지 love letter | 짝사랑 crush | 첫눈에 반하다 fall in love at first site

246 연애 중에 (2)

1200 사귀다 / 연애하다

have a relationship
be seeing/meeting someone

> 친구와 애인
> girlfriend, boyfriend는 애인이란 말과 친구란 뜻이 모두 있기 때문에 앞뒤 내용에 따라서 파악해야 한다. lover는 애인이라는 뜻이지만 많은 경우에 애인 몰래 바람피우는 상대를 지칭하기도 한다. 애인의 경우는 girlfriend, boyfriend가 가장 무난하다. 그냥 친구라는 뜻을 강조하기 위해서는 female friend, male friend를 사용하면 알기 쉽다.

1201 소울 메이트

soul mate

1202 연인

boyfriend / girlfriend

> A : How old were you when you had your first girlfriend?
> 첫 번째 여자 친구 사귈 때 몇 살이었니?
> B : Well, let's just say I got a late start.
> 글쎄, 단지 내가 좀 늦게 시작했다고 해두지.

1203 작업을 걸다

work on / hit on

PART 7

247 연애 중에 (3)

1204 짝사랑하다

have a crush on

A : When I was 10 years old, I had a crush on my math teacher.
10살 때 수학 선생님을 짝사랑했었어.
B : I remember him. 그 선생님 기억난다.

1205 질투하다

be jealous of

1206 (상대방을) 차다

dump someone

She dumped me. 그녀가 날 찼어.
I'm through with her. 그녀와는 끝났어.

1207 헤어지다

break up

CultureNote

결혼식 때 축의금은 어떻게 하나요?
① Bridal shower – 결혼식 전에 신부 친구들끼리 모여 파티를 한다. 파티 중에 선물을 주고 공개한다.
② Registry – 결혼식에는 현금을 주는 것이 아니라 신랑과 신부가 정해놓은 장소, 즉 백화점, 할인점에 가서 선물목록을 보고 그 중에 원하는 선물을 산다. 목록은 매장 안 컴퓨터에 저장되어 있는 경우가 많고, 직원에게 문의해도 된다. 이렇게 하면 똑같은 선물을 하는 경우가 없고, 예비부부도 본인들이 원하는 품목을 받아서 매우 실용적이다.

248 결혼 이야기 (1)

1208 결혼을 차일피일 미루다

delay the wedding
postpone the wedding

1209 결혼 허락을 받다

get permission for marriage

1210 부모님께 인사드리다

meet one's parents

A : We decided to meet his parents next week.
다음 주에 그 사람 부모님께 인사드리기로 했어.
B : That's great. 잘됐네.
A : I'm worried they might not like me.
그분들이 날 맘에 안 들어하실까 봐 걱정이야.
B : Don't worry. I'm sure you'll be fine. 걱정하지 마. 너는 잘 할 거야.

1211 중매를 서다

have an arranged marriage

중매쟁이 matchmaker

새어머니	stepmother	새아버지	stepfather
시댁, 처가 식구	family in-law, in-laws	시아버지, 장인	father-in-law
시어머니, 장모	mother-in-law	시동생, 매제	brother-in-law
시누이, 처제	sister-in-law	전처	ex-wife
전남편	ex-husband		

PART 7

249 결혼 이야기 (2)

1212 결혼식

wedding ceremony

1213 결혼식장

wedding hall

1214 신랑

groom

1215 신부

bride

1216 주례

wedding officiator
the one in charge of a ceremony

- perform the marriage ceremony 주례를 서다
- 한국처럼 본인이 존경하는 사람이 주례를 맡는 것이 아니라 자격증이 있어야 한다. 자격증 조건은 주마다 다르다.

1217 신부 들러리

maid of honor / bridesmaid

250 결혼 이야기 (3)

1218 피로연

wedding reception

1219 피로연 장소를 물색하다

look for the place for the wedding reception

1220 예물

wedding gift

- 결혼 반지 외에 특별한 예물은 없다. 물론 시계를 사주는 것도 없다.

1221 신혼 부부

honeymooners / newlyweds

1223 신혼 여행

honeymoon

1224 신혼 여행을 가다

go on a honeymoon

- go to가 아니라 go on을 쓴다.
- 허니문을 좋은 날의 대명사처럼 사용하여 '좋은 날은 다 갔다'를 The honeymoon is over.라고 표현하기도 한다.

251 증상·병명에 관한 말 (I)

1225 가래

phlegm

가래를 뱉다 hock up phlegm | 침을 뱉다 spit

1226 가려워요

feel itchy

A : I couldn't sleep because my mosquito bites were too itchy.
모기에 물려 가려워서 잘 수 없었어.
B : You should put on some ointment. 연고를 좀 발라야겠다.

1227 감기 같아요.

It seems like a cold.

독감 the flu

1228 계단에서 넘어졌어요.

I fell down the stairs.

1229 계단에서 굴러 떨어졌어요.

I tumbled down the stairs.

구르다 tumble

252 증상·병명에 관한 말 (2)

1230 기침

cough

A : It's hard to speak since I cough too much.
기침이 너무 많이 나와서 말하기가 힘들어요.
B : Why don't you have some warm water?
따뜻한 물 좀 마시지 그래요?

1231 눈이 가려워요.

My eyes are itchy.

1232 눈에 뭐가 들어간 것 같아요.

I feel like there is something in my eyes.

1233 눈이 부었어요.

My eyes are puffy.

1234 다리가 부러졌어요.

My leg is broken.

1235 다리를 질질 끌다

drag one's feet / leg

PART 7

253 증상·병명에 관한 말 (3)

1236 땀을 흘리다

perspire / sweat

A : Why are you sweating so much? 왜 이렇게 땀을 흘리니?
B : I don't know. I'm just feeling chilly. 몰라. 몸에 오한이 좀 나네.

1237 두통이 심해요.

I have a bad headache.

편두통 migraine

1238 머리가 지끈거려요.

My head is pounding.

pound는 '탕탕 치다'라는 뜻으로, 누군가 내 머리를 내려치는 것 같다는 의미이다.

1239 땅콩 알레르기가 있어요.

I'm allergic to peanuts.

1240 등이 아파 죽겠어요.

My back is killing me.

254 증상·병명에 관한 말 (나)

1241 목이 아파요.

I have a sore throat.

1242 목이 부었어요.

My throat is swollen.

1243 몸이 떨려요.

I shiver. / I have the shivers.

1244 오한이 나요.

I have the chills.

1245 몸이 뻐근해.

I feel stiff.

1246 몸이 좋지 않아요.

I feel under the weather.

관용적 표현.

255 증상·병명에 관한 말 (5)

1247 (생리통으로) 배가 아파요.

I have a cramp.

- 생리통 cramp

1248 배에 가스가 찼어요.

I have gas.

1249 베다

cut

- A : He cut himself while he was shaving.
  그 사람 면도하다가 베었어.
- B : Again? 또?
- cut은 벤 상처를 말하기도 한다.
- paper cut 종이에 벤 상처

1250 변비가 있어요.

I suffer from constipation.
I am constipated.

1251 부어오르다

swell / be swollen

256 증상·병명에 관한 말 (6)

1252 속이 거북해요.

I feel discomfort in my stomach.

🔹 불편한 discomfort

1253 속이 매스꺼워요.

I feel nauseous.

1254 어지러워요.

I feel dizzy. / I feel light headed.

1255 열이 나요.

I have a fever.

1256 음식을 삼킬 수가 없어요.

I can't hold food down.

1257 이 하나가 부러졌어요.

One of my teeth was chipped.

🔹 깨지다, 부러지다 be chipped

257 증상·병명에 관한 말 (1)

1258 입안이 헐었어요.

I have a canker sore.

1259 잇몸에서 피가 나요.

My gums are bleeding.

잇몸 gums

1260 자제가 안 돼요.

I can't control myself.

1261 잠을 잘 못 자요.

I can't get to sleep.

1262 재채기를 해요.

I'm sneezing.

누군가 재채기를 하면 Bless you!라고 한다.

1263 정상 범위

normal range

258 증상·병명에 관한 말 (8)

1264 증상

symptoms

1265 차멀미가 나요.

I am carsick.
I have carsickness.

*뱃멀미 seasick | 비행기멀미 airsick | 향수병 homesick

1266 찬물을 마실 때 아파요.

I have a sharp pain whenever I drink cold water.

1267 체중이 많이 늘었어요.

I've been gaining weight.

- I've been gaining weight. So I decided to go on a diet.
  체중이 많이 늘어서 다이어트 하기로 했어.

*다이어트 하다 go on an diet

1268 체한 거 같아요.

I have an upset stomach.

259 증상·병명에 관한 말 (9)

1269 토하다

throw up / vomit / gag

vomit은 의사들이 진찰할 때나 쓰는 말이고, 주로 throw up을 쓴다. gag는 '웃긴'이란 의미가 있지만 거의 쓰이지 않는다. 개그맨이란 말을 들으면 토하는 남자라는 뜻으로 알아듣게 된다.

A : I feel like throwing up because I drank too much.
술을 너무 많이 마셨더니 토할 것 같아.
B : You shouldn't have had so much to drink.
그렇게 많이 마시지 말았어야 했는데.
A : Leave me alone. 날 좀 내버려둬.

1270 피가 나다

bleed

1271 피부가 건조해요.

My skin is dry.

A : My skin is so dry. It's cracking. 피부가 너무 건조해서 갈라져요.
B : Try this cream. It will help. 이 크림 써 봐. 도움이 될 거야.

갈라지다 crack

1272 하혈하다

discharge
pass blood through the vulva

260 병명에 관한 말 (1)

1273 간염

hepatitis

1274 간질

epilepsy

1275 감기

a cold

A : Did you catch a cold? 감기 걸렸어요?
B : Yes. It's been one week. 1주일째예요.

1276 결핵

consumption / tuberculosis

1277 골다공증

osteoporosis

A : A lot of old woman like my grandmother suffer from osteoporosis.
우리 할머니처럼 나이 든 여자들이 골다공증으로 고통받아.
B : You should make sure to drink milk.
너도 꼭 우유 마시도록 해.

261 병명에 관한 말 (2)

1278 골절

fracture

1279 뼈가 부러지다

break a bone

1280 관절통

arthralgia

1281 관절염

arthritis

A lot of older people suffer from arthritis.
다수의 노인들이 관절염으로 고통받고 있다.

1282 기억 상실

amnesia

A : My grandmother suffered from amnesia after her stroke.
우리 할머니는 뇌출혈 이후에 기억 상실로 고통받으셨어.
B : My grandfather had the same thing.
우리 할아버지도 그러셨어.

262 병명에 관한 말 (3)

1283 당뇨병

diabetes

1284 독감

the flu

- People should get a flu shot every year.
  사람들은 매년 독감 주사를 맞아야 해.
- 독감 주사 a flu shot

1285 동상

frostbite

- A : Put on a hat and gloves before you go out. You'll get frostbite!
  나가기 전에 모자 쓰고 장갑 껴라. 동상 걸릴라.
- B : I'll be fine, Mom. 괜찮아요, 엄마.

1286 류머티즘

rheumatism / arthritis

1287 무좀

athlete's foot

263 병명에 관한 안 (4)

1288 (뇌졸중 등의) 발작 / 뇌졸중

stroke

He had a stroke after his 70th birthday.
그는 70세 생일 후에 뇌졸중으로 쓰러졌다.

1289 백혈병

leukemia

1290 불면증

insomnia

I take a sleeping pill every night because of insomnia.
난 불면증 때문에 매일 수면제를 복용하고 있다.

1291 불치병

incurable disease / fatal disease

치료 불가능한 incurable | 치명적인 fatal

Although cancer was considered an incurable disease, nowadays, many people recover.
암은 불치병으로 알려졌지만, 지금은 많은 사람들이 회복된다.

264 병명에 관한 말 (5)

1292 성병

VD(venereal disease)

1293 성인병

adult disease

1294 노인병

geriatric disease

1295 노인 병동

geriatric ward

1296 쇼크

shock

1297 식물 인간

human vegetable

1298 식중독

food poisoning

PART 7

265 병명에 관한 말 (6)

1299 심장마비

heart attack / cardiac arrest

A : Why do you eat fast food so often? At your age, you could have a heart attack.
왜 패스트푸드를 그렇게 자주 먹는 거야? 네 나이에 심장마비가 올 수도 있어.

B : I know. But it's really convenient.
나도 알아. 그런데 너무 간편하거든.

1300 아토피성 피부염

dermatitis

1301 알레르기

allergy

1302 알츠하이머

Alzheimer's disease

President Reagan suffered from Alzheimer's.
레이건 대통령은 알츠하이머로 고통받았다.

1303 알코올 중독

alcoholism

266 병명에 관한 말 (1)

1304 영양 실조

malnutrition

1305 에이즈

AIDS(Auto Immune Deficiency Syndrome)

1306 우울증

depression

1307 위경련

stomach cramps

> 위궤양 ulcer | 위염 gastritis

1308 저혈압

hypotension / low blood pressure

1309 고혈압

hypertension / high blood pressure

267 병명에 관한 말 (8)

1310 전염병

contagious disease

전염성의 contagious / infectious

1311 종양

tumor

A : Did you get the result of the biopsy? 조직 검사 결과 나왔어?
B : Yes. The tumor is benign, thank God.
응. 양성 종양이래. 정말 다행이야.

악성 종양 a malignant tumor | 양성 종양 benign tumor | 수술할 수 없는 뇌종양 an inoperable brain tumor

1312 중풍 / 마비

paralysis

소아마비 infantile paralysis | 뇌성마비 cerebral paralysis

1313 지병

chronic disease

1314 직업병

occupational hazard

268 병명에 관한 말 (9)

1315 천식

asthma

- A : My little sister has severe asthma. 내 여동생은 천식이 심해.
- B : She'll grow out of it. 크면 괜찮을 거야.

1316 치매

dementia / senility

- A : My grandfather had dementia before he died.
  할아버지는 돌아가시기 전에 치매에 걸리셨어.
- B : That's a very difficult situation. 참 힘든 상황이었구나.

1317 치질

hemorrhoids

1318 ~통

~ache

ear, tooth, stomach, back, head 뒤에 ache를 붙이면 '~통'이 된다. 그 외에 신체 부위에는 붙이지 않는다.

1319 피로

fatigue

269 임신·출산에 관하여 (I)

1320 난산

difficult delivery

1321 모유

breast milk

1322 분유

powder milk

1323 분만 예정일

baby due / anticipated delivery date

- A : I heard you're pregnant. When is the baby due?
  임신했다고 들었는데, 분만 예정일이 언제예요?
- B : The anticipated delivery date is February tenth. But you can never be sure. 예상일은 2월 10일이에요. 하지만 확실할 순 없죠.

1324 불임 치료중이에요.

I'm having infertility treatments.

불임 치료 fertility treatment

- A : How are the fertility treatments going? 불임 치료 잘 돼가니?
- B : We have not been successful yet. We're thinking we just might adopt a baby. 아직 성공하지 못했어. 입양하는 것을 고려중이야.

270 임신·출산에 관하여 (2)

1325 산파

midwife

- A midwife delivered the baby. 산파가 아기를 받아냈다.

1326 산후조리원

after birth clinic

- 북미에는 없다.
- In Korea, after a woman has a baby, she must eat seaweed soup and stay in a warm room for three weeks.
  한국에서는 아이를 출산한 후, 반드시 미역국을 먹고 따뜻한 방에서 3주 정도 지내야 한다.
- 미역국 seaweed soup

1327 소변 검사

urine test

1328 아내가 딸을 낳았습니다.

My wife had a baby girl.

1329 아내가 임신했습니다.

My wife is expecting.

271 임신·출산에 관하여 (3)

1330 인큐베이터

incubator

한국에서 임신 기간은 10개월, 미국에서는 9개월이라고 한다.

1331 임산부

a pregnant woman

1332 입덧

morning sickness

입덧은 주로 아침에 심하기 때문에 morning sickness라고 한다.

I'm worried about my wife since she can't eat anything because of morning sickness. 아내가 입덧 때문에 거의 먹지를 못해서 걱정이에요.

1333 자연 분만

natural childbirth

1334 자연 유산

miscarriage

272 임신 · 출산에 관하여 (나)

1335 인공 유산

abortion

1336 제왕 절개 수술

c-section(Caesarean section)

1337 조산

premature childbirth

- Although the baby was born premature, he recovered and is living a normal life.
  비록 그 아기는 조산으로 태어났지만 회복해서 정상적인 삶을 살아가고 있다.
- 회복하다 recover

1338 진통이 시작됐어요.

My labor has started.

1339 태아

embryo

1340 피임약

birth control pills / the pill

273 진찰 시에 의사가 하는 말 (1)

1341 검사를 위해 입원하세요.

Be in the hospital for tests.

1342 구토 증세가 있습니까?

Do you feel nauseous?

1343 그 밖에 또 아픈 곳이 있습니까?

Do you have pain anywhere else?

1344 대변은 규칙적으로 보십니까?

Are your bowel movements regular?

1345 맥박을 재겠습니다.

Let me take your pulse.

1346 뭔가 이상한 증상이 있습니까?

Is there anything unusual?

A : Is there anything unusual?
   뭔가 이상한 증상이 있습니까?(환자)
B : No. You're in great shape.
   아니요. 다 좋습니다.(의사)

274 진찰 시에 의사가 하는 말 (2)

1347 바로 누우세요.

Lie on your back.

1348 엎드려 누우세요.

Lie on your stomach.

1349 옆으로 누우세요.

Lie on your side.

1350 수술하신 적이 있나요?

Have you ever had surgery?

수술 surgery

1351 숨을 깊게 쉬세요.

Please take a deep breath.

1352 숨을 내쉬세요.

Breath out.

1353 숨을 들이 쉬세요.

Breath in.

275 진찰 시에 의사가 하는 말 (3)

1354 알레르기 있습니까?

Do you have any allergies?

1355 어디가 안 좋으십니까?

What's wrong?
What's the problem?

1356 증상을 말해 주십시오.

Please tell me the symptoms.

1357 어디가 아프십니까?

Where does it hurt?
What seems to be the problem?

1358 언제부터 그랬습니까?

When did it start?

1359 얼마나 오랫동안 통증이 있었습니까?

How long have you had this pain?

A : How long have you had this pain? 얼마나 오랫동안 통증이 있었습니까?
B : Since last week. It is the worst at night. 지난주부터요. 밤에는 더 심했어요.

276 진찰 시에 의사가 하는 말 (4)

1360 엑스레이 찍겠습니다.

I'll x-ray it.

1361 왼쪽 소매를 걷으세요.

Roll up you left sleeve, please.

1362 전에도 이런 증상이 있었습니까?

Have you had this before?

1363 정기적으로 복용하는 약이 있습니까?

Are you taking any medicine regularly?

- 정기적으로 regularly

1364 정확히 하기 위해 몇 가지 검사를 해보겠습니다.

Let's run some tests to make sure.

1365 진찰해 보겠습니다.

Let me examine you.

- 북미에서는 병원에 갈 때 응급 상황이 아니라면 미리 예약을 해야 한다. 가끔 그날 취소된 시간에 운이 좋으면 들어갈 수도 있다. 처음 진료 시에는 많은 질문이 적혀진 설문지에 답하는 경우가 많고 진료 시간도 긴 편이다.

277 진찰 시에 의사가 하는 말 (5)

1366 처방전을 써드리겠습니다.

I'll give you a prescription.

1367 체온을 재겠습니다.

Let me take your temperature.

1368 혀를 보겠습니다.

Show me your tongue, please.

1369 혈압을 재겠습니다.

Let me check your blood pressure.

1370 환부에 약을 바르세요.

Apply medicine to the affected area.

진료과의 종류

가정의학과	general practice / family medicine	가정의학과 의사	general practitioner
내과	internal medicine	내과 의사	physician / internist
산부인과	obstetrics and gynecology clinic	성형 외과	plastic surgery
소아과	pediatrics	소아과 의사	pediatrician
안과	ophthalmic clinic / eye doctor	외과	surgery
이비인후과	ENT(ear nose and throat)	정신과	psychiatric department
정신과 의사	psychiatrist	정형외과	orthopedic department
치과	dental clinic	피부과	dermatology clinic / skin doctor

하루에 1분! 일상생활 영어회화

1판 3쇄	2014년 8월 20일

저자	Keith Miling / Una Miling
발행인	이기선
발행처	제이플러스
	서울시 마포구 월드컵로 31길 62
전화	영업부 02-332-8320 편집부 070-4734-6248
팩스	02-332-8321
홈페이지	www.jplus114.com
등록번호	제10-1680호
등록일자	1998년 12월 9일
ISBN	978-89-92215-82-4

ⓒ JPLUS 2009